本书获得了教育部重大课题"新时代推进马克思主义学习型政党建设研究"
（22ZDA036）、贵州省教育厅人文社科项目"'四个自信'视域下大中小学思政
课一体化建设的内在逻辑"（2021SZ011）的资助与支持

经管文库·管理类
前沿·学术·经典

当代教师人才培养的路径探究

EXPLORING THE PATH OF CONTEMPORARY
TEACHER TALENT CULTIVATION

沈有洪 著

经济管理出版社
ECONOMY & MANAGEMENT PUBLISHING HOUSE

图书在版编目（CIP）数据

当代教师人才培养的路径探究 / 沈有洪著. -- 北京：
经济管理出版社，2025. 5. -- ISBN 978-7-5243-0312-1

Ⅰ. G451.2

中国国家版本馆 CIP 数据核字第 2025647DV3 号

组稿编辑：白　毅
责任编辑：白　毅
责任印制：张莉琼
责任校对：王淑卿

出版发行：经济管理出版社
　　　　　（北京市海淀区北蜂窝 8 号中雅大厦 A 座 11 层　100038）
网　　址：www. E-mp. com. cn
电　　话：（010）51915602
印　　刷：唐山玺诚印务有限公司
经　　销：新华书店
开　　本：720mm×1000mm/16
印　　张：10.5
字　　数：185 千字
版　　次：2025 年 6 月第 1 版　　2025 年 6 月第 1 次印刷
书　　号：ISBN 978-7-5243-0312-1
定　　价：98.00 元

前　言

党的十八大以来，党中央多次明确了加强教师队伍建设的重要性。当代人民满意的教师需拥有崇高的理想信念、道德情操、扎实知识、仁爱之心等综合素养。广大教师要在学生品格塑造、知识学习、创新思维培养和爱国主义精神传承等方面发挥重要作用，要做学生锤炼品格的引路人、学习知识的引路人、创新思维的引路人和奉献祖国的引路人。因此，当代人民教师不仅要做传授书本知识的"教书匠"，更要做塑造学生优良品格、品行、品位的"大先生"。坚持把教师人才队伍建设作为教育事业的基础工作，培养众多的优秀教师，对实现教育公平、教育高质量发展和全面建成社会主义现代化强国有重大意义。

2018年1月，《中共中央 国务院关于全面深化新时代教师队伍建设改革的意见》发布，明确"把教师工作置于教育事业发展的重点支持战略领域，优先谋划教师工作，优先保障教师工作投入，优先满足教师队伍建设需要""确保党和国家关于教师队伍建设重大决策部署落实到位"。"十四五"期间，教师人才队伍的结构、规模、综合能力等培养目标要基本符合新时代各类教育发展的需求。

一、教育现代化要求大力推进当代教师人才队伍建设

中共中央、国务院印发的《中国教育现代化2035》，提出推进教育现代化的十大战略任务，其中指明了根本遵循是习近平新时代中国特色社会主义思想，核心要求是提高教育质量。这就需要不断建设高素质、专业化、创新型的教师队

伍，坚持把教师人才队伍建设作为常规性的基础工作，为实现教育现代化提供人才支撑，切实推进教育强国战略。

在教师人才建设过程中，需坚持以信息化推进教师人才培养机制的改革创新，以开放的姿态加强与世界的交流合作。教师人才队伍的专业化、现代化、信息化、国际化等是教育现代化的重要支撑，这是实现教育优质化、普及化、均衡化、终身化和创新发展的主要内涵。这些要求既聚焦当前教育发展呈现出来的突出问题和薄弱环节，又着眼于长远发展、补齐短板、夯实基础的目标，反映了教育、教师发展的客观规律，顺应了时代发展潮流。

教育现代化不仅要遵循教育规律、坚持改革创新，培养德智体美劳全面发展的社会主义合格建设者和接班人，还要大力加强符合时代发展的教师人才培养。教师人才培养以服务社会主义现代化建设和中华民族伟大复兴作为重要使命，坚持教育为人民服务、为中国共产党治国理政服务、为巩固和发展中国特色社会主义制度服务。同时，要大力推进教师人才培养的理念、体系、制度、内容、方法等的现代化，从而提高教育教学质量、促进教育公平、优化教育结构，为实现中国式现代化的奋斗目标提供有力支撑。

二、时代新使命，要求打造高素质专业化教师人才队伍

2024年8月，《中共中央 国务院关于弘扬教育家精神加强新时代高素质专业化教师队伍建设的意见》发布，对弘扬教育家精神，打造支撑教育强国战略、建设高素质专业化教师队伍作出全面系统的部署，成为指导当前教师教育发展的纲领性文件。

教师是人类文明的传承者、人类灵魂的工程师、社会进步的推动者，首要任务是教书育人，肩负着打造实现中华民族伟大复兴"梦之队"的时代使命。教育这个大系统的核心和发展的第一资源是教师，推动教育顺利运转的原动力也是教师，实现国家富强、民族振兴、人民幸福的重要基石更是教师。因此，要不断提高教师的政治地位、社会地位、职业地位和综合素养等，这对当前坚持在马克思主义教育思想的指引下，培养现代化的教师人才队伍具有重大的战略意义。

加强教师人才培养，是时代发展的必然。首先，教育作为国家战略支撑与社

会发展的基石，教师队伍的高质量发展是教师专业化发展的保障，专业化的教师人才是教育发展的基本保证，也是教师发展的必然要求。这就需要对教师开展学历教育和实践教育，需要职前教育与职后教育等专业教育相结合。其次，教师人才培养是推动教育高质量发展的根本条件，是教育改革创新的基本力量，是基础教育发展的重要支撑，是满足社会对高水平教育质量要求的中坚力量。最后，兴国必先强师，强师才能培养有理想、有本领、勇于担当民族复兴大任的时代新人。

目　录

第一章　当代教师人才培养的现实依据和特点

当前，我国教师人才队伍的建设与发展面临着新的标准要求。打造一支高质量的教师人才队伍是实现教育强国和中国式现代化的必然要求。在马克思主义教育思想的指引下，教师人才培养应坚持立德树人的价值基点，落实全程育人、全方位育人的培养理念，推动教师人才培养工作的高质量、高效率发展。

2018年9月，在全国教育大会上，习近平总书记系统总结了推进我国教育改革发展的"九个坚持"，具体如下：坚持党对教育事业的全面领导，坚持把立德树人作为根本任务，坚持优先发展教育事业，坚持社会主义办学方向，坚持扎根中国大地办教育，坚持以人民为中心发展教育，坚持深化教育改革创新，坚持把服务中华民族伟大复兴作为教育的重要使命，坚持把教师队伍建设作为基础工作。这"九个坚持"，不仅为当代教师人才的培养提供了方向和准则，还阐明了教师人才队伍建设的重大意义。

第一节　当代教师人才培养的现实依据

对于教师人才培养，在宏观上要不断完善培养目标、培养制度、培养方案等，在培养的主客体、内容和地域等方面，坚持时代性、综合性、整体性、多维性和协同发展的培养理念；在微观上要注重课程体系、教学体系、教材体系、选拔任用体系和管理体系等建设，在培养过程中要强化党的领导、加强党的建设，重视对教师的思想政治教育和师德师风建设，这是教师人才培养的根本。从而在理论与实践的结合中，建构起既能满足培养"全能型""复合型"教师人才的目标，又能展示教师人才个性的"开放型"培养体系。

教师人才队伍培养不仅要满足常规教育的要求，还要适应社会发展的新需求和教育改革的新挑战。当前传统的教育模式和教育观念已无法满足现代社会的需要，从而对教师人才培养提出了新的要求。

一、当代教师人才培养面临的现实矛盾

当前教师人才培养面临多重挑战和矛盾，具体如下：

1. 教师队伍内部发展不平衡的矛盾

一方面，教师的理论水平和实践能力参差不齐，主要表现在教育专业知识掌握、教学方法运用和教育教学管理方面。另一方面，教育资源分配不均和教师晋升渠道不畅通，导致教师职业发展难免有失公平、公正。部分地区、学校和教师获得的教育资源相对匮乏，职业发展受限、晋升渠道不够畅通，不能激发教师的积极性和创造力，导致教师发展差距拉大。

2. 社会的多元化发展与传统教师人才培养方式、教育理念之间的矛盾

传统培养模式只注重学科专业知识传授和教育技能的培养。当代教师人才队伍还需具备更强的综合素质和实践能力，如创新、批判思维、独立思考、自主学习、人际交往能力等。在多元文化的背景下因材施教，要求教师具备包容和尊重多样性的意识及能力，能够和不同文化、地域和家庭背景下的学生进行有效的交流，从而开展教学和管理工作。

3. 师资结构性不足与师范生就业难之间的矛盾

这个矛盾主要产生于基础教育阶段，乡村情况更为严峻。随着学生的减少，教师数量相对剩余，但一些具体学科又缺少专业教师，存在一个老师上几门课的

现象。这种功能性、结构性的缺口又与部分高校毕业的优秀师范生人才不愿意从事教师职业、高校师范毕业生就业压力大之间产生矛盾。一方面，由于就业市场的多样性，人们对教师职业的价值认知发生了变化，部分优秀师范人才毕业后不从事教育工作，造成教师人才流失。另一方面，教师队伍门槛提高。培养教师人才，既要提高其就业能力，又要增强整个教师行业的吸引力，吸引更多的优秀人才从事教育工作。

当前随着经济、社会、政治、文化和教育等的快速发展，面对教师发展的不平衡和诸多矛盾，加强对教师人才培养的理论研究和实践探索，构建适应新时代需求的培养模式和机制，建设高素质教师人才队伍势在必行。这是提高当前教师的综合素质、增强竞争力、推动教育的高质量发展和实现教育现代化的重要保障。

二、当代教师人才培养存在的问题和原因

党中央对教师人才队伍建设的重视度越来越高，尤其是在教育强国战略的背景下，教师人才培养取得了很大的成效。但在现实中无论是教育主管部门、学校，还是教师自身，在教师人才能力培养方面都还存在一些问题，仍需要进一步加强和改善。

如当前很多地方原有的教师教育发展策略，难以适应现代教师专业化发展的要求，教师人才培养模式难以适配地方教育发展的需要，教师人才的培养已经滞后于当代教育课程改革和学生发展的实际要求。当前教育课程改革对教师素质、学生学习培养的方式和学习内容都提出了新的要求。

1. 教师人才培养的管理制度、培养培训一体化机制不健全

（1）教师入职前管理、培养缺乏统一性，师范生的综合素养有待进一步提高。这主要是因为随着经济社会的发展，很多高校的专业发展、专业设置方向不断重组。一方面师范院校的师范专业不断压缩，但师范生的教师素养并没有得到强化，反而产生了师范性弱化，其专业的优势和特色得不到彰显。另一方面很多普通非师范性院校尤其是民办高校，又在积极提高师范生的比例，但人才培养的

质量和层次却无法得到真正的提升。另外，非师范生只要考取了教师资格证也可以进入教师队伍。因此，关于教师教育缺乏一个统一的标准，学生只要修读教育学、心理学课程，参加普通话考试就可以获得教师资格证书，这导致入职前教师的师范性弱化、师范教育质量下降。

（2）教师入职后的培养和培训一体化机制不健全。各个主体，如教育主管部门、高等师范院校、地方教师继续教育发展中心和地方教师进修学院等，在教师在职培训方面的功能、机制和角色定位未能进一步确定。尤其是师范院校难以真正深入参与教师的在职培训工作，很多地方的教师培训都是委托、依附于第三方机构或者短时间聘请老师授课等。各省级教育主管部门没有建立统一的教师教育管理机构，中小学教师的队伍建设以及职前培养与职后培训没能很好结合。教师人才培养一体化改革涉及师范院校、教育学院、教师进修学校、地方教育局和教师继续教育发展中心之间的资源整合、功能调整、机构重组，没有政府和教育行政主管部门的积极参与，教师人才的现代化建设就难以取得突破性进展。

（3）教师培养过程中的保障体系还不系统化。从培养过程来看，缺乏反映教师人才培养各环节质量的过程性保障制度和体系建设。当前，虽然各地方和学校在积极推进教师人才招录、培养管理考核等的一体化发展，但还缺乏贯穿培养全过程的制度管理体系。同时，教师人才培养的资源保障机制、引导激励机制、成果评价机制也不健全。解决这些问题，需要管理部门进一步加强顶层设计，形成相对统一的教师人才建设的计划、方案，建立贯穿培养全过程的制度体系和保障机制，从而强化教师对自己职业发展的信心，消除对自己的职业前景的忧虑。

2. 教师人才培养模式滞后于时代对教育、教师发展的需求

当前教师教育改革发展的重点，已从增加教师人才数量转变为提高教师培养发展质量。当前推行的素质教育改革和新课程改革对教师培养提出了新的要求，需要对教师教育人才培养模式进行积极探索。

（1）培养模式具有陈旧性、常规性。从现状来看，对教师人才的培养，主要体现在以下几方面：提高学历层次、延长培养时间、依托于校外三方培训机构、实施分段教育、现场听报告、增加实践教学环节等。教师人才的培养大部分还延用旧的方式，学制、课程设置和人才培养模式的改革力度不大，改革的成效

不明显，尚未形成一套反映新时代教师发展现代化要求、适应当代教育发展规律和教师人才成长规律的专业人才培养模式。

（2）教师人才培养的创新力度还不够。从培养方向来看，目前的教师人才培养有重科研、重学术研究研讨而轻实践教学能力的倾向。从教师培养对象来看，有重视对科研教师人才的培养，而忽略对一线教学岗位教师培养的倾向。

高校、中小学校和教师进修学院等培养管理主体，尽管在承担教师人才培养专项计划时，在教师师范专业方面具备一定基础，但又缺乏针对不同层次教师教学和管理能力发展的顶层设计，这是制约教师综合能力发展的重要因素。第一，从这些主体来看，存在重教师学术研究训练、轻实践技能培养的问题。培养教师的科研能力，是教师人才培养的客观需要，但不能仅重视科研能力，还要在提高教师科研学术水平的同时，特别重视对其教育教学实践能力的培养。第二，从教师自身来看，教师普遍存在重科研轻教学的现象，这种倾向不同程度地影响了教师人才的培养。一些优秀教师甚至教育家型教师，在职业后期都特别重视学术研究而忽略了教学一线。教师人才培养要聚焦当前教育需求，平衡好科研和职业实践能力的比重，科学设定教师人才培养的目标和要求，进一步彰显人才培养特色，着力培养更加优秀的人民教师。

3. 教师培养的课程体系、培养机制不够健全，主要体现在职前和职后两个阶段

（1）教师人才培养的职前课程建构。一是具体学科课程占主导地位的状况没有改变，教师教育发展课程未能得到整体性建构。师范院校和非师范院校的师范生人才依然是按学科培养。据调查，学校设置的学科专业课程占整个课程总数的80%以上，教师教育课程仅有教育学、心理学、教育研究方法、现代教育技术、学科教学法等几门课程，与国外教师教育课程占课程总数的30%~40%相比，有较大差距。二是课程类型比较单一、缺乏灵活性。理论课程多、综合技能课程少、参与社会实践的课程更少，与中小学教学实践、实际需要及教师技能培养联系不密切，很多课程由于理论性强，往往不受欢迎、教学效果差。

（2）教师人才培养的职后课程建构。一是教师培养课程目标和内容具有强制性、规定性。这主要体现为教师人才培养的内容缺乏实际的调研，且不符合一

线教师教学和实践能力发展的需要。现有的中小学教师继续教育制度、规定都强调按规定参加教师继续教育，这是中小学教师职务评聘、晋级的必备条件之一。规定拒不参加继续教育或擅自中断培训、进修的中小学教师，不得参加职称评聘和晋级，中小学教师继续教育考核科目、标准和考试大纲由各省市教育行政部门负责审定。这样一来，继续教育课程成为教师职务评聘的限制条件，即强制性课程，教师的培养成为了义务而不是应该享有的权利。这就导致课程内容、培养目标设置等的错位，缺失了教师培养的目的是促进教师专业综合发展的根本之意。二是职后培养课程内容设计不合理，同样存在重理论轻实用现象。在调研的过程中，大多数参与培训的教师对职后培训的内容选择及课程设置问题意见很大。教师表示，职后培训内容的实用性不强，课程内容缺乏针对性，课程设置不尽合理，培训的理论难以转化成教学实践。这些课程设置缺乏对不同类型、不同层次、不同地区的学校之间以及不同学科的教师之间的需求差异性的关注，影响了许多教师学习的积极性和自主性。

（3）针对思政课专项教师人才的培养方案、课程体系和培养目标等特色不够突出。从总体上来看，对思政课教师人才培养的特殊性认知不足，尤其是对中小学教师人才培养的认知不足。如在中小学班主任和德育教师的培养目标上，就没有处理好普通学科教师人才培养目标的多样性与思政教师人才专项培养目标的特殊性、单向性之间的差异，导致针对思政课教师人才的培养方案和课程体系特色不突出。对高校、党校、教师进修学校、中小学思政课教师、辅导员等的培养，其培养目标决定课程体系和培养方案的设计。从课程体系来看，思政课教师人才培养的课程体系设置未能充分体现培养目标的特殊性，培养时开设了思政素养培养方面的课程，但尚未建立起面向思政课教师培养的系统化的课程体系，导致思政专项教师人才的思想政治素质和思政实践教学能力的培养环节尚不突出。

第二节　当代教师人才培养的社会性

无论什么时代的教师人才培养和建设，都要遵循教师教育发展的规律和人发展的客观规律。每个时代的教师人才培养具有不同的培养方向和内容，当前教师人才培养呈现新的时代特征。

一、当代教师人才培养社会性的理论基础

人的社会性，是指人在社会中的属性，每个人既是自然人又是社会人，人人组成社会。在社会中，个体不能脱离社会而孤立生存，这符合人类整体运行发展要求。教师人才的培养，实际就是在社会关系中培养增强教师的社会性、社会功能，促进社会的发展。

1. 教师人才的培养离不开社会，并依靠社会才能取得实效

教师也是人，是存在于社会的个体，其发展自然离不开社会的发展和制约。因此，当代教师人才培养的根本路径，就是促进教师人才发展的社会化、时代化，增强教师的社会属性。教师人才队伍是教育发展的重要组成部分，当前教师人才队伍的培养，是社会发展的产物，其发展受制于依附的社会关系。教师人才队伍也不是独立的个体存在于社会，其发展同样受制于社会，受制于经济、政治、文化等因素，需要充分丰富其社会关系、社会能力等属性。

"人只有在社会中并通过社会来获得自己的发展。"所以，人的生存和发展要以社会为前提，在社会中获得发展的资源和展示自己能力的环境。当代教师人才要通过社会获得发展并提升自己，以坚持符合社会性和顺应时代性的要求为导向，以促进教师综合素养的全面提升作为社会化的标志。教师人才个体要适应新时代社会发展的要求，增强人与社会的联系，促进自己个性、个人技能、个人思想、个人认知行为和个人角色等方面的社会化。因此，当前教师不仅要具备充足的专业知识、学术能力、丰富的教学经验、教学技能和信息处理能力、协作沟通能力、领导能力、创新能力等，还要具备较强的创新思维、无畏的探索精神和高尚的人格等优秀的品质素养，从而推进教师人才的社会化、时代化，以胜任社会所期待的角色，使社会革新、教育事业的发展和教师个体的发展辩证统一，这样才能应对复杂的教育环境和多样化的学生需求。

2. 教师人才的培养服务时代主题

教育是解放人、培育人，认识社会和改造社会的重要途径。对教师人才的培养，要抓住新的时代特点，实现培养目标与社会发展的一致性。当前随着国内主要矛盾改变，教育领域内的矛盾呈现多样化。培养优秀教师人才队伍的主要任务就是，有效解决教师人才队伍发展不平衡、不充分的现状与满足当前人民群众对拥有高质量教育要求的目标之间的矛盾。《中共中央 国务院关于全面深化新时代教师队伍建设改革的意见》明确提出，新时代我国教师队伍的建设目标是"培养造就数以百万计的骨干教师、数以十万计的卓越教师、数以万计的教育家型教师"，这彰显了新时代教师教育人才培养的新旨趣——"教育家型教师"是"教师职业的最高层次、最高境界和理想追求"。

二、当代教师人才培养社会性的意义

人的社会性本质说明了人与人、人与社会是相互依存的关系，教师人才社会性培养，是人的社会本质的必然要求，对当代教师人才培养有重要指导意义。

1. 教师人才社会性培养，能丰富教师自身的社会功能、增强社会性

这对促进教师在现实生活中敢于走出自己的内心世界有一定的积极作用，有助于教师正确认识和处理自己与学生、学校和社会等的关系，并积极发展同他人、社会的联系与交往。建构符合社会发展要求的知识体系，增强社会认知和适应社会生存的能力，从而塑造共同的理想和信念、共同的道德准则和共同的行为特征，增强教师的社会性功能，使教师能对学生的不符合社会发展要求的言行进行指导和校正，能够有效促进学生的社会化、社会性的发展。

2. 有助于促进学生的社会性和社会化发展

通过教师社会性培养，增强其社会功效和增加获得社会性的经验方法。在教学管理中，指导学生各种活动获得对自己与他人、人与人关系的认识，养成社会性情感和社会行为品质，为学生的社会性素质的发展提供指导，从而推动学生遵

循社会要求去发展，顺利地融入群体之中，适应群体生活、适应社会发展规律。

加强社会性课程设置力度。培养教师社会能力的课程能够促进教师主体性和个性的发展。社会能力主要包括社会交往能力、社会学习能力、独立思考能力、解决问题的能力、决策能力、社会评判能力等。通过这一举措丰富教师的社会认知，了解学校以外的事实知识等，形成正确的社会价值观；增进教师的主体体验，帮助他们形成主动的认识，从而促进教师的主体性发展。

三、当代教师人才培养社会性的实践路径

当前教师人才培养与时代协调发展，根本目的就是促进教师人才符合社会需要的价值取向，推进其发展不断社会化，丰富其社会性、增强其社会功能，成长为满足时代和社会需求的人民教师。社会存在决定社会发展，社会存在也决定教师人才培养的模式。教师人才培养是一个持续的导向过程，不同时代面临不同矛盾，要坚持以社会化为导向。

因此，当前传统的教师人才培养模式，已落后于新时代开放、多元、复杂的教育实际需求，积极构建阶段性、分类性、多元性的培养、评价体系意义重大。

1. 培养课程内容的科学设置是基础，要增加社会性课程内容

教师人才培养课程内容，要符合特定社会、特定时代、特定目标的要求。需精准对接当前教育课程改革需要和社会发展方向，从而提升其教师教育水平和能力，发挥其专业的优势。教师队伍学科知识、功能构建、综合素养等的单一性和固定性，与当代教育的新标准的多元化、综合化要求相去甚远。因此，教师人才培养，要坚持专业支撑、多学科发展，多渠道输出、多途径学习、多重职业体验的方向，增加地域化、发展性、独特性的教学内容。

2. 积极参与丰富的社会性活动，坚持融于社会存在中，突出社会化、时代化、多样化

新时代多元化的社会需求和社会存在催生了多元化的教育客体。面对学生在思维、见识、能力、品性和家庭环境等方面呈现的多样性、时代性和地域性，培

养新时代复合型的教师人才队伍是应有之义。只有增强教师参与社会性活动的能力，才能应对当前教育的发展和学生的需求。在培养过程中，积极构建符合教师教育实际需求的实践活动，丰富活动类型、拓展实践平台，以活动推动教师人才培养的提档升级。因此，在制定教师人才培养计划、优化培养资源、强化培养过程管理等方面，要契合时代教育发展特点，促进教师人才的社会化，使之成为符合时代之需的合格社会个体。

第三节　当代教师人才培养的劳动性

教育源于生产劳动，劳动方式和性质的变化必然引起教育形式和内容的改变。人要通过劳动与教育的结合而感受劳动给教育带来的成果。在培养过程中要加强与劳动实践相结合，提升教师实践能力，实现其自我的优先、优质发展。

一、当代教师人才培养劳动性的理论基础

当前教师人才队伍培养的劳动性，不仅指教学实践劳动能力，还包含了能促进自身能力、个人情感、道德等与社会发展需要相匹配的一切积极的社会劳动，从而提升教师的劳动技能、锻炼意志、丰富情感等。

1. 教育与劳动实践相结合

教育与生产劳动、劳动技术相结合，在劳动中提升人的实践能力和创新能力，是教师人才培养的必要条件，也是促进社会生产力进步的重要措施。当代教师人才队伍的培养与现代社会生产劳动相结合，要注重理论知识与综合劳动实践能力的协调并进，将空洞的理论转化为具体指导实践的知识工具，促进个体社会性（能力、情感、品质）等的发展。这是培养具备独立解决教学、管理难题的能力和塑造具有独立人格的高素质应用型教师人才的必由之路。

2. 教师人才培养与劳动结合，突出其能力发展的全面性

"教育要使儿童和少年了解生产各个过程的基本原理，同时使他们获得运用各种生产的最简单的工具的技能……把有报酬的生产劳动、智育、体育和综合技术教育结合起来，就会把工人阶级提高到比贵族和资产阶级高得多的水平。"这里的"综合技术教育"的核心要求，就是要实现教育和生产劳动的有机结合，学生要摒弃传统的学习单一、劳动单一的传统理念，学习实践多种劳动技能。因此，"劳动和教育相结合，从而保证多方面的技术训练和科学教育的实践基础"。在培养过程中，教师要善于积极借鉴和吸收优秀教学经验，增强教学创新意识，积极参与教学、管理和各类劳动实践活动，提高教师自身的创新能力。

综上所述，通过让教师人才在培养中身临其境地践行感悟丰富的劳动活动，体会培训过程传递的教学知识内容，从而构建系统、科学的精神世界、认知系统和实践能力。在劳动实训中促进教师个体的充分发展，从而造就与社会生产关系和社会生产力发展需要相契合的合格社会个体。

二、当代教师人才培养劳动性的意义

劳动是人自身有意识的、有目的的创造性活动，劳动教育是人实现自身全面发展的重要途径。马克思主义劳动教育思想为当代劳动教育学科提供坚实的理论基础，有助于老师和学生树立正确的劳动观，从而积累与总结宝贵的经验教训，探索出新时代与时俱进的劳动教育路径。这样教师才能给予青少年正确的劳动价值导向，培养其良好的劳动素质，保障当代劳动教育科学的建设与发展。

1. 具有深刻的理论指导意义

马克思主义劳动教育思想为劳动教育提供理论价值支撑，为当代教师人才培养提供理论基础。劳动思想能够帮助广大教师和他们的从教对象学生，树立正确的人生观、价值观，可以促进教师和学生的全面发展，并最终实现其社会价值的提升。同时，劳动教育思想还为树立正确的劳动观提供科学指导，为在现实中针对劳动教育的薄弱环节和问题提供方向指引，引导部分教师抛弃只认可智力劳动

才是真正劳动的错误看法，从而尊重体力和脑力劳动。

2. 具有深刻的实践价值

这是劳动教育最终的价值归属。强化马克思主义劳动教育思想是提升教师人才的劳动素质、劳动技能水平，形成科学劳动价值观的基本途径。合理规划劳动教育课程，有利于发挥教师与劳动者对学生的引导作用。当代教师人才培养的劳动性，指通过塑造老师的劳动理念和提升实践功能，再通过劳动教育培植青少年学生的劳动意识与劳动意志、劳动精神、劳动态度，使学生具备良好的劳动技能、劳动素养和劳动品格，并运用到实践中，融入现实的社会发展进程中。

三、当代教师人才培养劳动性的实践路径

人存在的本质意义在于劳动，通过劳动来实现自我的存在价值，实现自我的发展，满足自我的成长需求。教师人才的培养，重在通过教学实践和社会实践等积极活动，培养实践型教师，增强解决实际问题的能力，这是构建科学教师培养体系的重要环节。

1. 要开展综合劳动技术教育

使教师人才在培养过程中，获得使用各种劳动生产工具的技能，广泛参与各类劳动训练实践，将培训过程与时代技术工具相结合。通过多重劳动，理解知识、感知社会、改造自己、把握时代，从而具备实现劳动转换和社会职能转换的能力，以能胜任新时代的教师岗位，紧扣当前教师教育发展特点。

2. 要扩展劳动实践机会，丰富社会实践项目和平台，建立培养、实习基地等

与企事业单位建立广泛的联系，深入到企事业单位、基层学校、社区、家庭等，广泛参与教学科研、送课下乡、教学观摩、实习实训、课程对接、讲座报告等多样化的社会实践劳动。从多方面感受劳动与理论的关系，在丰富多彩的劳动中升华认识、塑造精神、完善人格和强化素质等。

3. 加强教师培养劳动实践环节的科学合理设计，完善对实践的认识、理解、反馈、指导和评价的过程

教师在实践中钻研教学方法、探索规律、丰富教学经验、提升教育教研能力，将理论和实践统一，从而实现善教、善管、善评的目标。教师人才培养，既要注重扎实的理论基础，又要使教师具备丰富的实践劳动经验，在不断参与各种教学生产、教学管理、社会生产生活劳动的过程中，实现理论与实践的辩证统一，提升教师培养的实效性，满足当前对教师人才的需要。

第四节　当代教师人才培养的全面性

当前随着社会的全面发展进步，为了实现教育强国战略，推进中国式现代化建设的目标，必须重视时代发展与个人全面发展的协调并进。教育教师的发展也同样面临这样的现实状况。加强教师人才队伍能力的全面培养，增强综合素养，实现其综合能力提升，刻不容缓、意义重大。

一、当代教师人才培养全面性的理论基础

当前教师人才培养要增强教师的综合素养，实现综合提升、全面发展的目标。

社会个体的全面发展离不开整个社会的进步，教师人才的全面发展、能力全面提升也以社会其他个体为条件，相互促进。比如教师的提升，在教学管理实践中，与学生产生交融后，促进了学生的发展，同时教师自己也在实践中获得新的认知和发展。

教育在人的全面发展中有决定性、主导性的作用。当代教师人才队伍要实现全面发展，必须加强师德师风建设、掌握丰富的专业知识、提升教师实践技能、提升沟通交流技巧、具备生产生活劳动和审美等方面的能力，从而满足其自身发

展的基本要义，以及现代教育教学的需要。全面发展是教师职业发展的客观需要，是培养全面发展的学生的必要前提。

人要实现自由而全面的发展必须要具备以下条件：一是有大量丰富的物质基础。社会生产力的快速发展为人的全面发展提供了丰富的物质资料，这是人们全面发展的基础。因此，教师人才能力的全面发展，要与社会生产力的发展和社会物质财富的积累和谐统一。二是人的全面发展包括人们在社会中的社会交往关系逐渐丰富和个体精神思想境界的提高。因此，教师人才要不断充实精神世界，提升思想道德素质、心理素质和科学文化素质等。同时，教师人才队伍的全面发展是指要大力促进整个教师队伍能力的全面提升，而不是某一部分、某一个体的发展进步。

二、当代教师人才培养全面性的意义

当代教师肩负的时代使命要求培养全面发展的复合型教师人才。这不仅对化解当前教师教育领域内的多重矛盾有积极的促进作用，还对落实推动教育强国战略具有深远的意义。

1. 培养全面发展型教师人才是教育和学生发展的客观要求

全面发展的人才是由全面发展的综合素质强的教师塑造出来的。传道授业者自己要明道、信道，拥有大境界、大胸怀、大格局、大的教育情怀，才符合新时代教师标准和广大学生的成长需求，才能促进学生德智体等天赋潜能的协调发展。全面发展的教师人才在面对当代受教育者的能力、需要、个性、社会关系等多方面的差异性时，能尊重学生的主体差异性，遵循学生的身心健康成长的特点，充分发挥自己的教书育人的创造性，贯彻全面的教育理念，推动学生各方面的素质和能力的良性发展。

2. 培养全面发展的教师人才队伍是时代发展的必然要求

随着时代的进步，我国的教育实践在不断向前推进的同时，也在不断丰富和发展着教育理论。当前教师人才培养，注重教师能力的多元化，这是推动教育高质量发展的必然。第一，实现中国式现代化和中华民族伟大复兴的伟大目标要求实现人的全面发展。第二，社会发展、生产力提高，为人的全面发展提供物质基础。第三，办好人民满意的教育，需要大量全面发展的教师人才队伍。

三、当代教师人才培养全面性的实践路径

马克思主义教育思想注重人的整体发展，突出能力的多元化和综合化。人的全面发展内涵丰富，包括人的能力、人的个性、社会关系、社会交往、个体自由等方面的全面提升。当前教师人才培养的基础和核心就是促进教师能力素养的全面发展，开拓切实可行的培养实践路径尤为重要。

1. 教师人才必须具备能力素养

第一，具备优良的思想政治素养和人文道德修养。教师自己要塑造优秀的政治素养和科学合理的"三观"，引导学生树立正确的人生观、价值观和世界观，拥有人文关怀、人际沟通等能力，善于倾听并回应社会、家长、学生的诉求。第二，具备扎实的学科专业知识和丰富的教育理念、教学方法，能灵活地开展教学实践。第三，具备良好的个体能力和个性发展（教学能力、劳动实践能力、科研能力、个人特长等）。第四，具备良好的职业精神和团队合作能力，能够积极参与学校的管理、融入学校的发展等。第五，具备科学的创新思维和创新的能力，能推进教育教学改革。

教师人才能力全面培养发展途径要紧扣时代发展脉搏，充分利用时代发展带来的丰富资源。当代教师人才培养坚持立足现实，实行理论实践一体化、培养培训一体化、职前职后一体化等机制，以及形式多元化、灵活性的培养模式。

2. 要坚持理论联系实际，勇于实践，这是实现人的全面发展的根本途径

教师人才要勇于实践，善于把理论知识和劳动实践结合起来，共同促进、相得益彰。此外，坚持共享发展理念，将个体全面发展融于集体之中。教师人才个人能力的全面发展，离不开整个教育总体的发展进步，离不开国家社会这个大的环境，必须将自己融入到集体中，在教育强国的过程中，发展自己。因此，各界

要坚持开放发展的教育思想，积极为教师人才队伍的全面发展提供丰富的条件，让培养主体、客体和集体共同参与。

3. 培养全面发展的教师人才队伍要坚持科学化、规范化和可持续发展理念

第一，综合运用各种现代教育技术和工具。如利用计算机信息技术、数字多媒体、电子远程通信技术等，实现教学过程、教学资源、教学效果、教学效益等的最优化。第二，培养模式、路径的创新多元化。充分考虑个体差异和社会需求多样性，尊重个体个性、特长、潜能。第三，坚持学科理论学习和实践能力提升的有机统一。在教师培养过程中，积极开展科研与教学实践、实习、实训等活动，激发其主动性，将所学知识在劳动实践中升华。第四，注重培养其创新能力，这是教师人才全面发展的重要策略和措施。如开展教学理念、教学方式、教学方法等的创新。第五，引导教师人才建构科学合理的职业发展规划，推进自我学习和自我发展能力的统一。同时，还要塑造正确认识和建立良好社会关系的意识和能力等，提升其与外部环境沟通交流的本领，增强沟通技巧和表达能力，使其善于在工作和生活中构建和谐健康的社会关系，促进自身全面可持续发展。

四、当代教师人才培养全面性的德育功能

当代教师人才培养中德育素养构建必不可少，教师要把身正为范、学高为师的培养理念切实践行在日常的工作中。当前在优秀教育理论和中华民族传统师道精神指导下，政治和品德素养是教师人才培养中必不可少的重要内容，是衡量其发展提升的全面性重要指标之一。《中国教育现代化2035》明确提出要加强教师师德师风建设，把师德师风建设作为评价教师素质的第一标准。通过强化师德师风建设工程，促进教师教育质量和教师自身的发展，实施教师教育振兴行动计划，大力培养高素质专业化的大中小学教师人才。

《中共中央 国务院关于弘扬教育家精神加强新时代高素质专业化教师队伍建设的意见》也明确要求，坚持师德师风第一标准。在招聘教师时，将思想政治和师德师风内容的要求纳入教师聘用合同，在教师聘用工作中严格考察把关。将师德表现作为教师资格准入、招聘引进、职称评聘、导师遴选、评优奖励、项目申

报等的首要要求。各级组织人事和教育部门将师德师风建设纳入学校基层党建述职评议考核、领导班子和领导人员考核及全面从严治党任务清单，与教育督导、重大人才工程评选、教育教学评估、学位授权审核、学位授权点评估等挂钩。同时，学校主要负责人要认真履行师德师风建设第一责任人职责。

1. 强化思想理论教育、传承优秀传统文化，助力师德师风建设

当前教育发展要积极提升师德师风建设的实效性，紧紧围绕"为谁培养人、培养什么样的人"开展教师人才队伍建设，因此当代"评价教师队伍素质的第一标准应该是师德师风"。教师人才队伍既要精通业务又要具备优良的品格，才能牢记初心使命，才能担当民族复兴大任。这是教师人才队伍高质量发展的价值基点和建设的根本任务，在教育改革发展中居于核心地位。党的二十大报告指出："加强师德师风建设，培养高素质教师队伍，弘扬尊师重教社会风尚。"

2. 加强师德师风建设，积极引导教师自律自强

强化马克思主义思想，筑牢理想信念。深入学习马克思主义经典的思想理论，尤其是教师要积极主动地读懂弄通新时代中国特色社会主义思想，深刻领悟社会主义核心价值观的要义等内容，使教师在理想信念、价值理念、道德观念上坚守人民教师的阵地。

首先，要加强思想政治理论教育，把学习贯彻习近平总书记关于教育的重要论述作为教师培养的必修课，作为教师教育和培训的重要任务，使广大教师把握其深刻内涵。其次，在实际工作中要引导广大教师自觉践行传统的师道精神和教育家精神，遵守宪法、法律法规和社会主义核心价值观等精神内容；依法履行教师职责，坚决抵制损害党中央、国家利益的言行。再次，遵守新时代教师职业行为准则，自觉捍卫教师职业尊严；遵守社会公德，形象得体、言行雅正，强化典型案例警示教育。最后，加强教学科研诚信与优良教风学风建设，坚决抵制学术不端行为，营造风清气正的学术生态，提升教师人才的师德师风建设成效。

3. 实现教师理论学习与实践的统一，落实师德师风建设于实践中

第一，注重培养先进的教育理念、教育思想，落实党的教育方针和政策，这是教师教育行为的指导原则和价值取向。第二，将师德师风和教育家精神融入教师教育课程和教师培养培训全过程。开发教育家精神课程教材资源，用好国家智慧教育公共服务平台，开展师德师风和教育家精神专题研修，做到理论研修与实践运用的统一。第三，组织开发多种教育资源和多样化的学习内容，拓宽实践学习的渠道。如有计划地组织教师参加爱国主义教育、国情社情考察、社会实践锻炼，引导教师在理论与实践中养成高尚师德和教育家精神。

《中共中央 国务院关于弘扬教育家精神加强新时代高素质专业化教师队伍建设的意见》提出了加强理想信念教育、加强教师队伍建设党建引领、坚持师德师风第一标准、引导教师自律自强、加强师德师风培养、坚持师德违规"零容忍"的要求。同时，加强对师德师风的监督和考察，这是保证当代教师教育健康发展的重要条件。对师德违规行为要依规依纪依法查处，对群众反映强烈、社会影响恶劣的严重师德违规行为，从严从重给予处理处分，积极落实教职员工准入查询和从业禁止制度。因此，在教师人才能力全面提升的过程中，各地教育主管部门和学校要将师德师风教育作为重要内容，坚持落实到培养课程中，坚持在日常的教学管理中切实践行。

第二章　当代教师人才培养的精神引领

　　我国《中国教育现代化2035》提出了推进教育现代化的十大战略任务。第七条专门指出，要建设高素质专业化创新型教师队伍，要坚持把教师队伍建设作为基础工作。教师人才队伍建设要以习近平新时代中国特色社会主义思想为根本遵循，推进教育现代化发展；发展中国特色世界先进水平的优质教育，全面落实立德树人根本任务，形成高水平人才培养体系，这是教育现代化的核心要求。当代加快教师人才队伍培养，还要不断深化改革创新，以信息化为支撑，坚持走出去与世界合作，建立多元的教师培养体系，这也是构建服务全民教育和终身教育、加快建设学习型社会的迫切需要，从而实现教师队伍专业化、现代化、信息化、国际化，切实实现教育优质化、普及化、公平化、终身化的目标，以符合时代发展的要求，积极推进教育强国战略。

　　2023年9月9日，习近平总书记在致全国优秀教师代表的信中首次提出并强调要"大力弘扬教育家精神""为强国建设、民族复兴伟业作出新的更大贡献"。也深刻阐述了中华民族特有的教育家精神的核心内涵，即"心有大我、至诚报国的理想信念，言为士则、行为世范的道德情操，启智润心、因材施教的育人智慧，勤学笃行、求是创新的躬耕态度，乐教爱生、甘于奉献的仁爱之心，胸怀天下、以文化人的弘道追求"。由此可见，教育家精神从本质上回答了"为什么做教师、为谁做教师、怎样做教师"，这一教书育人的根本性问题。教育家精神是衡量"四有"好老师的标准和对践行"大先生"要求的智慧升华，是国家"强国必先强教，强教必先强师"的战略升级。因此，当前教师人才培养，大力弘扬、传承教育家精神具有积极的战略意义。

2024 年第四十个教师节的主题是"大力弘扬教育家精神，加快建设教育强国"。这对当前教师人才队伍建设和我国教育长远发展将产生深远的影响。在 2024 年 9 月 9~10 日召开的全国教育大会上，习近平总书记指出，要实施教育家精神铸魂强师行动，加强师德师风建设，提高教师培养培训质量，培养造就新时代高水平教师队伍。提高教师政治地位、社会地位、职业地位，加强教师待遇保障，维护教师职业尊严和合法权益，让教师享有崇高社会声望、成为最受社会尊重的职业之一。因此，教育家精神是教师人才培养的精神引领，也是教育强国战略的重要支点。

第一节　教育家精神引领教师人才培养的内涵

习近平总书记强调大力弘扬教育家精神，并从理想信念、道德情操、育人智慧、躬耕态度、仁爱之心、弘道追求六个方面，深刻阐释了教育家精神的丰富内涵和实践要求，赋予了当代人民教师为党育人、为国育才的崇高使命。

《中共中央 国务院关于弘扬教育家精神加强新时代高素质专业化教师队伍建设的意见》明确指出，"工作中要坚持教育家精神铸魂强师，引导广大教师坚定心有大我、至诚报国的理想信念，陶冶言为士则、行为世范的道德情操，涵养启智润心、因材施教的育人智慧，秉持勤学笃行、求是创新的躬耕态度，勤修乐教爱生、甘于奉献的仁爱之心，树立胸怀天下、以文化人的弘道追求，践行教师群体共同价值追求"。

"教育家精神"并不是把教育作为一种谋生手段的职业思想的倡导，而是包含了理想信念、道德情操、育人智慧、躬耕态度、仁爱之心、弘道追求六大内涵。这六个要义的概括不仅超越了特定的职业职责和工作目标的事业高度，还是对人民教师应该具有的时代风貌、价值追求、内在精神和集体人格的一种整体刻画，是对人民教师的本体论、价值论、方法论、实践论、目的论、认识论等的全面阐述。

一、精神

对"精神"的解释，马克思提出了"精神生产说"，阐述了"精神"是人脑的产物，是人在改造客观世界和主观世界的社会实践中产生的观念、意识和思想的积极成果。社会意识是人们在社会物质生活即社会存在的反映。精神具有极大的能动性，可以通过社会实践活动转化为物质。中国特色的教育家精神是建立在马克思实践取向的精神哲学体系基础上。

1. 教育家精神价值准则

中国特色教育家精神，蕴含了教师职业的特点。在教师人才培养中要大力弘扬教育家精神，使教师树立"躬耕教坛、强国有我"的志向和抱负。

首先，从教师价值方面，指明了为谁为师；从育人方法的角度，阐述了怎么为师；从为师的最终目的方面，明确了要培养成为什么样的教师。这定义了当前人民教师具备的鲜明的时代特色和形象风貌，从而促进了当代教师"师道观"的系统性和完整性。在我国优秀传统文化精神中，以德性文化为主旋律的价值取向，教育家精神"报国弘道"的时代价值，是我国历代优秀的人民教师长期躬耕于教育实践不断传承和创新的结晶。

其次，教育家精神的价值主要体现在"心有大我、胸怀天下"和"至诚报国、以文化人"的精神内涵方面。这主要指明了教育家要具备家国情怀，从而回答了"为谁为师"的问题，包含了教师"为党育人、为国育才"的崇高使命。这一使命源于马克思实践哲学观，教育对整个国家和社会发展起基础性和支撑性的重要作用，充分显示了我国社会主义制度下办学的社会主义和人民属性。这是教育家精神内涵的精髓所在，是教师作为知识分子承担立德树人的根本任务和引领塑造优良社会风气的根本要求。

2. 教育家精神行为准则

教育家精神的行为是精神的外在扩张的具体指向，要求教师在实践中要构建的实践行为标准。《中共中央　国务院关于弘扬教育家精神加强新时代高素质专业化教师队伍建设的意见》指出："引导广大教师将教育家精神转化为思想自觉、行动自觉。"

首先，"言为士则，行为世范"。这里的意思是指社会个体的行为举止，能够成为大家效仿的准则和典范，尤其强调教师在从教过程中对学生的影响。当前教师要深刻涵养"言为士则、行为世范"的道德情操，塑造自身良好的道德情操去影响和引领学生成长，做学生求学、为人处世的大先生。因此，教师首先要提高精神层面的涵养，以大力加强师德师风建设为依托，树立以德为先、德高为范的准则。

其次，教育家精神的"乐教爱生、甘于奉献"的仁爱之心。乐教是一种教育情怀，更是一种从教态度，是教师对教育事业深沉热爱的外在体现，教师只有热爱教育这个职业才会乐教、爱生、善教。爱生是教育的灵魂，没有爱就没有教育，教育是用爱培育爱，塑造灵魂、生命的高尚事业。

当前是中国特色社会主义新时代，在新的历史条件下，教育事业的发展也承前启后、继往开来。教师人才队伍的培养，也应该立足于建设中国式现代化的目标和世界新一轮产业革命兴起的国际环境。

教育家精神，彰显了当代我国教师地位、目标和功能等的进一步升华。教育家精神是我国教师精神时代性、历时性的不断升华的成果，是马克思主义教育思想中国化和"师道观"的理论成果，不断指引着我国教育家在扎根中华民族兴教育、建设现代化教育强国的同时，兼具"胸怀天下"、放眼全球的格局，面对世界百年未有之大变局，不断贡献自己的力量。

二、实践

《礼记》载，"师也者，教之以事而喻诸德者也"。教师的职业特性决定了这一群体应是"经师"和"人师"的统一者，是引导学生为学、为事、为人的大先生。教育家精神是对人民教师职业精神的凝练和升华，这源自中华民族千百年来的师道精神和优良传统，也是对当代建设教育强国、民族复兴崇高使命的有力回应。

1. 教育家精神是支撑众多普通教师教育教学实践的信念

我国当前正处于由教育大国向教育强国的整体性迈进的关键历史阶段，迫切需要凝聚起广大教师人才队伍，以教育家精神为引领，用过硬的职业素养、广博的知识构建、真挚的奉献之心，肩负起为中国式现代化培育时代新人的重担。

据统计，全国各级、各类教师约有 1891.8 万人，支撑起世界上最大规模的教育体系。在众多的教师中，并不是每一位平凡普通的教师都能成为优秀教育家，但却能在教育家精神的指引下，在实践中不断地发展自己的职业道路，丰富自己的专业素养和综合能力，在平凡的岗位上践行教师的职业担当，在狭窄的三尺讲台上书写自己灿烂的人生新篇章。一个社会涌现出更多的优秀教育家是这个时代之幸，一个学生遇到好老师是人生的幸运，一个学校拥有好老师是学校的光荣，一个民族源源不断地涌现出一批又一批好老师则是民族的希望。

2. 教育家精神的实践，就是众多的优秀教师，在具体教学工作岗位上奉献力量

这些教师用日常工作实践诠释了教育家精神的内涵。他们都有一个共同的名字，就是人民教师，他们身上展现出来的，正是时代呼唤的教育家精神。时代越是向前发展，越是需要一大批好老师，把教育家精神化为教书育人能力、教学方式方法，更好地担起筑梦育人、教育报国的使命。

如黄大年毅然放弃国外优越条件回到祖国，工作中以"拼命三郎"的忘我精神填补了"巡天探地潜海"高科技项目的多项空白，切实践行"振兴中华，乃我辈之责"的铮铮誓言。耄耋之年的于漪，"一辈子学做教师"，始终站在深化教育改革和教师人才培养的时代前沿，用自己高尚的人格和诲人不倦的精神，书写了"站上讲台就是生命在歌唱"的教育精神。张桂梅用一双布满膏药的手，以及用自己的生命不断改变山区学生的命运，努力托举起一届又一届山区孩子的求学之路和人生梦想。再如，在山西朔州市朔城区一中的兰会云老师，利用假期带领一群参加完高考的青少年，用半个多月的时间，骑行 1800 多千米，跨越 5个省份，和学生一起把地理课本上的一个个名词，变为眼前的风景。在湖北武汉市盲童学校的张龙老师，工作中是老师，生活中又是"妈妈"，用音乐照明视障

孩童的心灵，用爱开启这些残疾孩童的独特人生。这些优秀教师用平凡的工作，很好地诠释了教育家精神的实践定义。

3. 不忘初心、砥砺前行的真实写照

从这些优秀教师身上可以总结出教育家精神，就是为了教育事业、为了学生发展、为了祖国繁荣富强、为了民族的未来等，而勇于担当的一种责任、一种无私奉献的精神、一种孜孜不倦的大先生情怀。新时代教育的杰出教师代表，无一不彰显我国师道精神中的"家国情怀""仁爱奉献""砥砺奋发"等优秀教育精神。新时代为实现"两个一百年"的奋斗目标和中华民族伟大复兴的中国梦，我国提出了教育的根本任务"立德树人"，并将"立德树人"置于促进人的全面发展的首要位置。将大力弘扬教育家精神和培养教师人才队伍、推进"培魂育人"、培养"社会主义合格的建设者和接班人"的目标有机结合，充分展示了教育家精神的本质内涵。

三、目标

教育家精神经过不断的传承和创新，在新时代再次焕新和凝练，内容更加丰富。当前教师人才的重要性不容置疑，这对于实现教育现代化、培养中华民族伟大复兴事业接班人意义重大。弘扬教育家精神，打造支撑教育强国建设的高素质专业化教师队伍，是促进教师、教育内涵发展，构建现代教育体系的重要着力点。

1. 教育家精神的育人、育己指向

从劳动的角度来看，教育家付出的劳动，实际上也具有通常意义上劳动的普遍共性，是教育家为实现自己的精神追求和物质追求、促进自我发展的一种目的性活动。劳动与人的关系是相互融合、相互成就，大力弘扬教育家精神的意义，不仅具有"育人"的成效，还有"育己"的双重效能，也就是用该精神培育学生的同时，也实现了教师自己的升华。

"垂范奉献"作为教育家精神的目的论，其"言为士则、行为世范"的道德

情操和"乐教爱生、甘于奉献"的仁爱之心，体现了主动、爱人的教育情操和情感归属，二者也回答了"成为何师"的教育之问、时代之问。

2. 教育家精神，继承了丰富的中华优秀传统文化精神和中华民族传统师道思想

我国传统师道思想，如"家国天下"的教育价值观和"仁爱奉献"的从教目的观，彰显了中华民族传统文化中的精华，已融入了推进中国式现代化建设的文化自信和道路自信中。孔子崇尚"德不孤，必有邻"。因此，优秀的道德品质、精神思想，不应该独属于个人，应该从国家和社会的整体利益出发；从而实现"内圣外王"的精神追求，最终目标是实现"兼济天下"和"天下为公"的崇高目标。这些实际是在强调实现个人的"修身、齐家、治国、平天下"精神追求，也是教育家精神内涵的来源。

3. 教育家精神的时代目标指向是促进人的全面发展和办人民满意教育

教育家精神是马克思主义教育思想中国化的最新成果之一，对当前时代发展有重要的作用。当代我国的"师道观"是对马克思主义教育思想的继承和发展。当前教师队伍肩负"为国家、为人民、为时代"发展培养人才的责任。我国社会主义的教育方向，体现了促进人的全面发展的教育使命，为人民办学的初心，为国家培养人才的社会属性。

我国特有的教育家精神特质，在历史长河中不断沉淀、开拓创新。"不怕牺牲、英勇奋斗""一心为公、全心全意为人民服务"到"志存高远、爱国敬业、为人师表、教书育人、严谨笃学、与时俱进、爱岗敬业、关爱学生、刻苦钻研、勇于创新、奋发进取、淡泊名利"等教师精神。这种顺应时代发展的教育精神，不断推进我国教师队伍的发展和社会主义现代化的建设。

四、方法

教育家精神蕴含了教育方法，指明了教师培养学生的方向和教师队伍自我发展的路径。因此深刻领悟当代我国特有的教育家精神提出的方法论，不仅对当前

有效推进"立德树人"的根本任务有重要意义，还对当前教师人才队伍建设和推进教育强国战略影响深远。

1. "启智润心、求实笃行"，是教育家精神的方法论最好解释

教育所传递的精神财富在和具体劳动结合中，对于推动生产力发展、社会进步具有重要作用，尤其是教育提供的文化理论对劳动具有重要的指导作用。"启智笃行"与"因材施教、求是创新"的精神内涵具有一致性，都体现了教育家躬耕践履、道法合一的教育智慧与教育态度，是教育家精神的躬行之法和践履之道。这二者一起回答了教师"怎样为师"的育人之问与育己之问。教育是一种独特的实践活动，其专业性强、对教师要求高，尤其是要求从业者具有高尚的教育情节、教育志向，如果缺乏报国弘道之志，弘扬教育家精神就会成为空想。黄宗羲在《续师说》中诘问："嗟呼！师道之不传也，岂特弟子之过哉？亦为师者有以致之耳。"文中提到"未闻道、未精业、未解惑"者不能称之为"师"。悟透善用"启智润心、因材施教"的育人智慧，才能落实"立德树人"的教育根本任务和实现培养"全面发展的人"的目标。

2. "启智润心"，智慧与心理协同并进

展示了当前教育无论是对于教师还是学生来说，目的都是培养拥有健全的人格和健康的体魄、符合时代需求全面发展的人。"启智"在教育的过程中要求老师不仅传授文化知识，还要善于开启学生智慧，引导学生善于思考、主动探索知识，实现教学主体由老师到学生的转变，以达到更好的教学成效。"润心"主要阐明了不仅要培养学生的知识和劳动实践技能，更要提升他们的思维、情感、审美等内在素养，引导青年学生塑造健全的人格和形成正确的世界观、人生观、价值观。同时，教师在教育人过程中，对学生和自身的发展不能仅停留在对事物观念的认知和精神层面的追求上，更要在言传身教的教育实践中点滴沁润、磨砺道德素养。

3. "求是笃行"，勇于求真求实

教师在实践中必须具备职业素养和职业态度。在工作中，教师要做到知行合

一、学以致用，敢于追求真理。如王阳明的"致良知""格物致知"蕴含着求真求实的科学精神和求实的工作方法，他将其用于教学和管理以及自己综合素养的提升中。教师要遵守教师职业道德准则，时刻铭记为党育人，为国育才的使命，以身作则、率先垂范，通过言行触动和感染学生。孔子可谓是躬身实践的典范，并将求实、求实的教育精神广为传颂。"至圣先师"孔子提出"因材施教"的治学方法论，即依据不同的教学客体和教育环境，灵活创造性地运用不同的教学方法开展教学活动。如启发、点拨、诱导、激励、问辨、感化等灵活多样的方法，以实现开启学生智慧、沁润学生心灵的教育目的。

未来，教育家精神将成为广大教师自觉的精神追求，以此为引领，深入推进教师队伍治理体系和治理能力的现代化，数字化赋能教师发展成为常态。接下来要健全中国特色教师教育体系，提高教师学科能力和学科素养，提升教师教书育人能力，优化教师管理和资源配置，营造教育家型教师成长的良好环境，加大各级各类教师待遇的保障力度，维护教师的合法权益，厚植尊师重教文化，加大教师荣誉表彰力度，创新开展教师宣传工作，讲好中国教育家故事等。

第二节　弘扬教育家精神、引领当代教师人才队伍建设的依据

《中共中央　国务院关于弘扬教育家精神加强新时代高素质专业化教师队伍建设的意见》指出，经过3~5年努力，教育家精神得到大力弘扬，高素质专业化教师队伍建设取得积极成效，教师的立德修生、敬业治学、教书育人呈现新的风貌，尊师重教社会氛围更加浓厚……教师地位巩固提高，教师成为最受社会尊重和令人羡慕的职业之一，形成优秀人才争相从教、优秀教师不断涌现的良好局面。以教育家精神为引领，推进建设高素质专业化教师人才队伍，是实现教育强国战略的必备条件。以此，激励广大教师牢记"为党育人、为国育才"的使命，勇担"教书育人、立德树人"的责任，坚定"躬耕教坛、强国有我"的志向，促进广大教师在教育实践中，主动以教育家精神为指引和目标，切实推动自身的

发展。

教育家精神引领当前教师人才队伍发展，有其历史传承、文化渊源和理论基础。中国特有的教育家精神，是在漫长的教育事业发展历程中，不断总结凝练而成的。同时教育家精神也是在马克思主义，特别是马克思主义教育思想的指导下，结合中国社会教育实际，实现的教育理论的一次飞跃，更是马克思主义中国化、时代化在教育领域的又一创新成果。

一、文化渊源——中华优秀传统师道文化的传承

中华传统师道文化传承了几千年、内涵丰富，不仅是中华民族宝贵的精神财富，也是当代教育家精神生成的文化根基、思想之源，是中国教育家和优秀教师世代传承赓续的精神文化。新时代的中国是华夏民族的延续和发展，新时代的教育家精神也是中国师道精神的传承和升华。

1. 传统的师道文化中的"家国情怀、兼济天下"，奠定了教育家精神蕴含的崇高理想和社会责任

如孔子推崇忠孝、仁义，提倡"仁政"思想，把个人的发展与国家社会的前途紧密结合起来。墨子推崇"尚贤"，即主张倡导通过教育的方式培养人才，使之具备高尚的品德和卓越的才能，从而为国家发展作出贡献。荀子的"国将兴，必贵师而重傅"也有此意，把教师与国家发展紧密结合。

2. 传统师道文化中"以身示范、诲人不倦"的为师态度、治教方法和敬业精神

中国古代教育家特别重视自身榜样示范作用、言传身教，在教育学生时不厌其烦、潜心治教。教师通过自身言行举止，主动给学生树立正确榜样，引导学生在实践中向积极的方向发展，从小树立正确的三观。如孔子云："其身正，不令而行；其身不正，虽令不从。"孟子曰："教者必以正。"周敦颐曰："师道立，则善人多；善人多，则朝廷正而天下治矣。"

古代这些教育家、思想家的论述，充分阐明了教师的模范行为、从教方法和

从教态度对于学生成长的重要性。正所谓，善教者，必先其正之，然后能化人，先提升自己再培养学生。再如，近代教育家蔡元培在实际从教办学过程中，积极筹办爱国学社、爱国女校，任北大校长期间改革北京大学，为近代中国革命培养了大批仁人志士，挽救民族危亡。教育家于漪把"一切为民族"作为自己为师教学的行为准则。从古至今这些优秀教师的事迹和精神，为当前教育家精神奠定了思想基础。

3. 传统师道文化中的"善施教化、因材施教"的教学方法

中国古代教育家们，在长期的教育实践中，不断总结实践经验，提出"教无定法"，倡导教学方法的多样性、灵活性，提出"善教者，使人继其志"。孔子提出"有教无类"的思想，阐明了教学对象的广泛性。《中庸》指出五步学习法——"博学之，审问之，慎思之，明辨之，笃行之"。因材施教的教学思路在当今仍然具有科学合理性。王守仁主张通过戏曲这种手段来引导民俗，通俗易懂，大家也乐于接受。他说："若后世作乐，只是做些词调，于民俗风化绝无关涉，何以化民善俗！今要民俗返朴还淳，取今之戏子，将妖淫词调俱去了，只取忠臣孝子故事，使愚俗百姓人人易晓，无意中感激他良知起来，却于风化有益。"这些都在强调教学的灵活，善于用大家喜闻乐见的方式传递知识、启发引导等教育智慧。近代教育家陶行知说："捧着一颗心来，不带半根草去。"教育是大爱的事业，亲切诚挚的仁爱之心为教育家精神奠定了基础。

当前大力弘扬教育家精神，传承优秀传统师道文化，引领教师人才队伍建设，有利于落实教育立德树人为根本任务，推进教育强国和实现中国式现代化的伟大目标，符合时代发展需求和教育发展规律，是必然的、科学的指引。

二、理论渊源——近现代优秀教育思想的指引

马克思主义是我们立党立国、兴党强国的根本指导思想，马克思主义教育思想，建立在辩证唯物主义和科学世界观的基础之上，是当前教育家精神的理论渊源。同时，优秀的中华儿女也有很多关于教育思想的科学论述，推动了当代教育家精神的形成、发展、成熟。这些思想理论的继承和创新，对于构建适合我国国

情的教育体系和教育改革实践有着重要的现实意义。

马克思主义的教育思想为"为党育人、为国育才"的教育方针提供了理论依据。

马克思主义理论指导下的教育家精神，彰显了以育人为本位的发展路径，致力于实现人的自由全面发展。

当前，我国教育以培养德智体美劳全面发展的社会主义建设者和接班人为根本目标。人民教育家于漪，也提出了"全面育人观"，认为德智体美劳等方面应该有机融合。同时，她还结合教学实际，将马克思主义关于人的全面发展理论转化为生动具体的教学行动。她积极推动语文课程内容的丰富性、多元性和教学方法的多样化，促进了学生的全面发展。教育家精神所蕴含的忠诚报国、启智润心、乐教爱生与这一目标和理念高度契合。

思想理论所蕴含的内容要成为现实，或者现实要趋向思想理论，都需具备一定的条件。首先，要从思想理论入手，推进思想理论的大众化，让人们能够普遍接受并信服。其次，利用思想理论指导具体实践，在实践中融合发展。教师的本职工作是"传道"，需要用谆谆教诲和无私奉献的实际行动引领学生成长，做到以理服人、以品育人，这是当代教师应有的素质。同时，面对新时代、新任务、新环境，教师的身教大于言教，教师要不断提升自身的综合学识水平和道德素养，敢于专研，不断开拓视野，树立大情怀、拥有大格局，为学生树立良好的榜样。这与言为士则、勤学笃行、以文化人的教育家精神，在思想上具有高度的一致性。

马克思教育思想的中国化、时代化。教师应心有大情怀、大格局、大自我，志存报国信念，长期切实弘扬教育家精神。从中华人民共和国成立以来，党和国家领导人都非常重视教师队伍建设，明确了教师人才队伍建设的政治要求，突出了教师培养的政治性。

党的十八大以来，以习近平同志为核心的党中央，向广大教育工作者发出了"教育是国之大计、党之大计。要从党和国家事业发展全局的高度，坚守为党育人、为国育才"的号召，并多次强调加快建设高素质教师队伍，并对当前教师队伍建设坚持社会主义办学方向、坚持教育为人民服务的立场提出了政治要求，这对实现中华民族的伟大复兴事业具有重大意义。

从中国共产党成立以来，马克思主义就是我们革命、建设、发展和壮大的根本指导思想。马克思主义是科学的真理和指导实践的方法论，也是我国在漫长的教育事业发展历程中，生成教育家精神的重要理论来源。

三、实践逻辑——落实立德树人、建设教育强国

当前，教师在建设教育强国和落实立德树人根本任务中，发挥着至关重要的作用。从现在教育实际和要完成的目标来看，在教育家精神的引领下开展高素质教师队伍人才建设意义重大，能够推进教师队伍能更好地肩负起时代赋予的重任，为建设教育强国、培育时代新人提供强可靠的人力保障和智力供应。

中华人民共和国成立后，历代教育工作者甘于奉献、辛勤耕耘、前赴后继，积极响应国家号召，在实际工作中落实党的教育方针政策，以高度的责任感和使命感致力于党和国家教育事业的发展。中国特有的教育家精神，正产生于一代代教育者"立德树人、教育强国"的不懈追求和实践中。

教育家精神为建设教育强国战略提供坚强的思想武器和精神支柱，为落实立德树人根本任务提供精神指引。党的二十大报告提出："全面贯彻党的教育方针，落实立德树人根本任务，培养德智体美劳全面发展的社会主义建设者和接班人""坚持教育优先发展、科技自立自强、人才引领驱动，加快建设教育强国、科技强国、人才强国。"这再次强调了当前加强教师人才队伍建设对时代发展和国家建设的重要现实意义。教育家精神要求广大教师牢记"为党育人、为国育才的初心使命"，筑牢好学校这块人才培养的主阵地，全面落实立德树人的根本任务。关键要大力弘扬教育家精神，将其贯穿于学校建设、管理和教师队伍培养的各领域、各方面、各个环节，在实践中主动做到以树人为核心、以立德为根本。

教师是"立教之本""兴教之源"，教师队伍建设的好坏是决定教育质量高低的根本条件。从历史发展的角度和教育的现实作用来看，每个国家都把教育作为推动科技发展和人才建设的重要基础。世界各国越来越重视以教育提升国家综合国力。我们要培养更多的优秀人才，培养全面发展的接班人；建设高质量的现代化教育体系，彻底实现城乡教育均衡优质发展；完成教育强国的艰巨任务，传承优秀的中华传统文明等。这都离不开高素质教师人才队伍。当前教育家精神是

实现教育强国战略的必然要求，培养"时代强国之师"，既是为推进中国式现代化建设打造人才基础，又是为实现伟大的中国梦培养时代新人。

落实立德树人任务，培育和践行社会主义核心价值观的客观要求。当前全面落实立德树人的根本任务，需要学前教育、义务教育、高中教育和高等教育等各层次的广大教师协调并进，共同推进德育、智育、体育、美育和劳动教育等各环节的共同进步。因此，在教育实践中，落实立德树人任务就要培养有"积极的人生态度、良好的道德品质、健康的生活情趣"的人，促进学生的德智体等全面发展，从而使之成为"在社会主义现代化建设中可堪大用、能担重任的栋梁之材"。

在弘扬教育家精神的实践中，涌现出了很多杰出的榜样。他们坚持以"立德树人"的教育理念为宗旨，尽心尽职肩负起为国家民族发展培养人才的根本职责，这也是传承和丰富新时代教育家精神的实践基础。

教育的根本目的是培养符合国家和时代需要的有用人才，这就为教育家精神中"为党育人、为国育才"的教育方针奠定了理论依据。同时，国家也为打造一支"高素质化、精专业化、善创新化"的"时代之师""奉献之师"，相继印发《中共中央 国务院关于全面深化新时代教师队伍建设改革的意见》《中国教育现代化2035》《中共中央 国务院关于弘扬教育家精神加强新时代高素质专业化教师队伍建设的意见》等文件。因此，这就深刻阐明了，当前我们要重视培养大量高素质教师人才，为完成党和国家既定的战略目标贡献力量。

第三节 弘扬教育家精神、引领当代教师人才培养的着力路径

教育家精神引领下的教师人才队伍建设与教育强国建设是全方位、系统化、现代化的综合建设体系。教育家精神的提出，为当代教师队伍人才培养注入新的动力和活力，从而推动教师人才队伍建设实现由量变到质变的提质增效。

中国特有的教育家精神，是中华民族在建设教育强国的征程中，马克思主义教育思想同中国教育实际相结合的宝贵精神财富，是对中华民族优秀传统文化进

行传承与创新的产物，更是马克思主义中国化的成果。习近平总书记关于教育家精神的重要论述，为加快教育强国建设提供了精神动能，为落实立德树人根本任务提供了理论指引，为打造高素质专业化教师队伍提供了根本原则，对当前教师和教育的发展有重要的时代意义。

一、弘扬教育家精神、引领教师人才培养的责任主体维度

培养教育家型教师，符合办人民满意教育的需要，也顺应了人民对美好生活的需要。教育是培养人才最直接、最有效的途径，当代尤其迫切需要大力弘扬教育家精神，引领培养大量的高素质教师人才和教育家型教师。从不同主体的维度，弘扬教育家精神，是引领教师人才培养的重要路径。

1. 宏观主体方面强化政府的政治管理职能

弘扬教育家精神首先要发挥国家、地方政府的行政治理职能，彰显政治主体在推进教育家型教师队伍建设宏观系统中的行政驱动力。从制度建设、物质保障、精神激励、社会氛围等各方面为教育家型教师队伍的建设提供有力而全面的保障。

首先，国家层面要加强制度建设，完善相关规定。要制定弘扬教育家精神和当代教师人才培养的近期和长远的计划，保证教师队伍建设的基础性、战略性地位，深化实施"强师计划""优师计划""国优计划"等。加强法律保障，推行教师终身学习理念。中央要不断完善各类保障、激励、监督政策，以符合时代发展对教育提出的新要求；协调相关部门统管教育家型教师队伍建设工作与教育强国建设工作，深化教师队伍建设机制；营造教育家型教师培育的优良生态环境。同时，还要不断强化国家重大战略任务和重大人才工程对教师人才培养的激励推动作用，高层次人才遴选和培育要突出"育人育己"的导向。让优秀教师向教育家方向发展，充分发挥教育家在人才培养中的重要作用，将教育家精神、科学家精神、工匠精神等相融合，提升教师人才培养的质量。

其次，地方政府在培养教师人才队伍中，要履行好管理和服务的双重职能。要积极完善实施中小学教师国家级培训计划，完善教师全员培训制度和体系，加

强乡村教师培训，提升乡村教师能力素质。地方各级政府主体，协调上下，做好沟通；坚持依法治教、依法培师，落实国家的相关政策；要树立远大的目标，立足于教育家型的大先生教师人才队伍建设，打造阶梯式的培养模式，沿着"合格教师—骨干教师—学科带头人—教学名师—教育家型教师"的路径培养教师。在实践中发现问题，遵循教师人才成长规律，明确教师人才培养的主体权责，积极搭建教师的递进式发展模式，针对性地解决实际问题。

2. 落实中观主体的职责

弘扬教育家精神要细化落实各地教师继续教育中心、高校、中小学校等的组织培养职责。在教师人才队伍培养建设中，充分发挥三大育人阵地的系统联动作用。从教师人才的培育开端、培育过程、培育成果入手，协同共筑教师人才队伍职前职后的一体化发展体系。

（1）强化高校培养路径。在培养教师人才的主体之中，学校同教师的关系最为亲近。学校是教师的"娘家人"，教师是学校这个大集体中的一员，了解教师的实际情况，能够精准定位教师职业发展方向。营造学校成就教师人才的良好环境，大力倡导学校积极担负教师培养第一主体的责任，充分落实学校培养教师的自主权。鼓励支持学校结合办学特色、办学优势，创新教师人才培养的思想、模式、方法，形成有学校特色的育师风格，促进教师人才的多元化发展。各级各类学校要将高素质专业化教师队伍建设作为学校发展的关键基础性工作，健全工作机制，强化工作保障；要深入学校了解教师情况，为广大教师办实事、解难事、做好事，从而培养更多的优秀教师人才。

第一，要健全当代教师、教育发展体系，大力支持师范院校建设，全面提升师范院校的教育水平。师范院校是教育家型教师的培育源，具有"压舱石作用"与"旗舰效应"，要充分发挥其育师的综合优势。坚持师范院校的第一职责是开展教师教育，强化专业引领，特别是部属师范大学引领，以国家优秀中小学教师培养计划为引领，努力推动更多师范院校的"双一流"建设。推动高水平大学与师范院校、企业联合开展职业教育教师一体化培养培训，优化教师素质提高计划，健全高校教师发展支持服务体系。

第二，优化师范生公费教育政策，培养高学历、高能力的优秀教师，切实推进师范教育协同提质计划。尤其要深化实施针对中西部欠发达地区的乡村优秀教师的定向培养计划，加强英才教育师资培养和强化紧缺领域师资培养。优化对师范院校的评估、专业认证指标，从政策上支持师范专业招生，推进培养模式改革。师范院校普遍建立语文、数学、科技、工程技术类等文理类学科教育中心，加强师范生教师实践技能水平培养，提高教育传播能力，不断改善教师培养基本条件和实践基地建设。

第三，高校应以弘扬"教育家精神"为契机，加大对高学历教育人才的培养力度，改善培养模式。高校应积极将教育家精神，如理想信念、道德情操、家国情怀、育人方法、仁爱之心全方位地融入各个环节。高校在推进教师学历提升的同时，还要增强培养内容的实用性、时间的连续性和功能的整体性等。通过榜样塑造、模范进课堂或线上直播授课等方式，推动教师人才培养的数字化、智能化和时代化，切实提升教师培育的实效性和功能性。

（2）中小学校是教师人才培养最可靠的实践基地，具有目标导向和实践检验作用。中小学校对教师人才队伍培养主要分职前实习与职后养成两个阶段。中小学校作为教育实践基地应针对性地制定实践教育培养方案，在特定的中小学校场域提升教师理论践行力，有效补足教师重理论轻实践的短板。学校建立完善教师标准体系，纳入教师管理评价全过程，引导广大教师将教育家精神转化为思想自觉、行动自觉。中小学校积极将教育家精神融入教师培养的课内课外，并加强"科学思维、实践思维、创新思维"的导向功能，积极鼓励职后教师立足学校实践沃土，敢想敢干，充分发挥名师、名校的辐射带动作用，总结教育家型教师培育的鲜活经验。

同时，学校以弘扬教育家精神、促进教师人才队伍成长为契机，大力加强师德师风建设。积极引导广大教师自觉践行教育家精神，模范遵守宪法和法律法规以及新时代教师职业行为准则，依法履行教师职责，模范遵守社会公德，自觉捍卫教师职业尊严，坚决抵制损害党中央权威、国家利益的言行，加强科研诚信，坚决抵制学术不端，营造风清气正的教师成长环境。

（3）教师继续教育发展中心是教师人才培养的基础主体，是教师培养的重要发起者。各级各类教师继续教育发展中心是连接高校与中小学校的必要媒介，是教师转型为教育家型教师的天然衔接点，是形塑教师终身学习理念的助推机构。教师发展中心可以积极组织开展"教育家精神"主题宣讲报告，创新"学—研—行"教科研活动，促进教师从新手、熟手、能手到教育家的渐进式发展，与学校共管共建校地合作机构。中心还要借助当前教育数字化发展的时代战略，积极构建数字化、科学化的培养平台，弘扬教育家精神。大力拓展线上线下资源共享平台，建立智慧化、灵活化培养机制模式，不断支持、指导、监测、保障教师的可持续发展。

同时，教师继续教育发展中心还要积极加强同国际教师教育平台、国内区域教育平台的有效交流合作，既要走得出去，又要能引进来；通过大数据、人工智能技术，实时监测跟踪教师成长过程的各项指标和成效，促进教师培养体系的完善和提升教师培养水平。通过设置细化可操作的评价参数指标，定性定量评判教师发展水平，进而建立健全教师发展体系，充分履行地域教师人才培养的监管和督导职能。

3. 强化自我认识，激发微观主体教师自身的主观能动性

当前弘扬教育家精神，加强教师人才队伍建设，最根本的是要引导教师自律自强，加快自我发展和自我成就，其关键着力点在于微观教师主体自我的精神思想觉醒，从而增强自己主动发展、善于发展的动能和成效。

（1）不断激发教师成就自我的需求，有利于提升教师自我发展的主观能动性。以教育家精神为引领，让其思想精髓真正落实到广大教师的内心，实现让教师提升发展"软着陆"，持续优化教师的综合成长路径。

第一，教师应以"报国奉献"的教育家精神，作为实现自我目标的内在精神需求。明确教师才是自己发展的第一责任主体，深化"心有大我、至诚报国、无私奉献"的爱国主义精神和"胸怀天下、以文育人"的大格局、大心胸和大情怀，以此作为教师成长中最基本、最坚定、最持久的力量之源。第二，当前教师队伍发展，必须坚持"启智笃行"的思想。在数字化时代，教师要不断深化教育实践和革新，在实践中丰富自己的教育理论成果和实践能力，勇于探寻教育发展改革前沿的问题，从教育实践中获得对教育规律的本质认识。要拥有"敢探未发明的新理""敢入未开化的边疆"之毅力和勇气，进而勇于、善于革新自我，重构自己的认知素养、知识体系和育人能力。第三，教师还要甘于奉献自

我，成就他人的同时也成就自我发展。如坚持"为仁由己""求仁得仁"的思想，教师践行教育家精神的过程中，要不断反省自我、发觉自我，不断实现"成人成己"的发展目标，从实现成就自我个体目标到实现成就教师集体的发展目标。从而出现"师者尽其才""大师竞相涌"的教育新局面，大力推进全民"立大德、守公德"，积极弘扬社会主义核心价值观，推进社会主义精神文明建设。

（2）不断提升教师的业务实践能力，增强其自我认可度，这有利于提高教师的职业荣誉感。坚持教育家精神引领，将其融入到教师人才培养发展中，强化提升教师专业素养。

第一，教师要积极构建日常学习赋能平台，主动创造支撑自己发展的良好条件。坚持教育家精神引领激励，把其贯穿于日常课堂教学、科学研究和社会实践活动等环节，建造教育家精神践行主阵地。各界大力开展数字化赋能教师发展行动，推动教师积极应对新技术变革，着眼于未来培养人才，将建设高素质专业化的教师队伍，营造修身敬业、立学育人的新风貌、新氛围。第二，教师要善于提高学科能力和学科素养，将学科能力和学科素养作为教师教书育人的根本，贯穿自身发展全过程。参与优化课程设置、课程内容设计，夯实学科教学和设计技能。在教学工作实践中不断提升学科素养，不断更新学科知识，紧跟学科发展特色。教师将自己的学科能力和学科素养提升作为学科建设的重要内容，善于站在任教学科前沿，开展教学、科研，并创新教学模式方法；适应当代基础学科、新兴学科、交叉学科发展趋势，主动开展跨学科学习与研究，努力让自己在学科领域内有所建树。

教师要主动提升教书育人的综合能力。教师要善于明确自身定位，如幼儿园、中小学、大学的教师，不仅要积极实施学历提升计划，还要实施管理能力提升计划，因地制宜开展科学合理的规划，如此才能使自己的发展方向更加明确。

二、弘扬教育家精神、引领教师人才培养的思想政治教育维度

以教育家精神引领教师人才队伍培养工作是教育事业发展的重要条件。因此，要将思想政治教育纳入教师人才培养的核心内容中，"塑师先塑人"，这样才能打造一支思想过硬、高素质、强专业、对党和人民忠诚可靠的教师队伍。

1. 重视思想政治教育，强化思想理论学习，坚定政治方向

一方面，加强教师的思想政治素养建设，筑牢思想之基。通过思想理论学习，激励广大教师家国情怀，增强政治视野；引导教师树立"躬耕教坛、强国有我"的责任意识和担当。教师主体要深入学习领会马克思主义理论和马克思主义中国化、时代化的创新成果，尤其是要学习习近平新时代中国特色社会主义思想和他关于教育的论述等，塑造正确的价值观、人生观、世界观和师道观等。对教师的思想政治教育，必须让教师明确教育的两个问题：为谁培养人？培养什么样的人？党领导百年征程取得的成就充分说明，只有思想政治素质坚定的教师，才能不负党和人民的重托，肩负起为党育人、为国育才的使命。

另一方面，教师的思想是学生世界观、人生观、价值观形成的重要来源之一。信念坚、政治强的教师能为学生成长成才带来丰实的正能量，而丧失信念、背离初心的教师则会给学生成长带来负能量，影响学生的成长和行为，危害极大。这就是"思想上松一寸，行动上就会散一尺"。教育家精神以"心有大我、志存报国"和"言为士则、行为世范"为教师群体在思想素养、政治品格和师德师风上树立了标杆和规范，以此消除部分教师工作敷衍塞责、学术不端等一系列师德失范的现象。

2. 加强党的建设，丰富教育家精神的内涵，促进教师人才队伍建设

各基层学校党组织从加强党建的角度，为教育家精神引领教师人才培养提供坚强的组织保障。

首先，要加强党的组织建设，强堡垒、促成长。一方面以学校党组织为阵地，充分发挥党支部战斗堡垒和党员的先锋模范作用；另一方面把党组织的政治领导和对教师的政治把关等方面的优势体现出来。通过加强党的建设，把教师人才聚集在党的周围，把教育家精神融入教师人才培养体系中，为办人民满意教育而努力。

其次，党组织开展各项活动，引导教师学习马克思主义理论，尤其是马克思主义的教育思想和教育家精神。从而将该精神内化为教师的教育理念和行为规范，提高教师的思想觉悟和政治素养。尤其是围绕"六个科学内涵"开展主题

理论学习和各类实践活动，提供高质量符合当前教育实际的思想理论的教育培训，确保教师做到政治坚定、思想纯正、行为端正。

最后，党建领航、加强学校基层党支部建设，提升师德师风建设的新高度。学校党支部作为教师人才培养工作的开展主体之一，应充分发挥党支部的战斗堡垒作用和党员的先锋模范作用，使教师党支部成为涵养良好师德师风的重要平台。党员教师成为弘扬践行教育家精神的中坚力量，以此带动广大普通教师心怀祖国、无私奉献、爱岗敬业。通过形式多样的党支部活动，如紧紧围绕社会主义核心价值观、红色革命文化、中华优秀传统文化等内容，组织开展专题讲座或报告会等，提升教师思想素养。

3. 整合资源，加强师德师风建设

中国特有的教育家精神是马克思主义基本原理与中华民族优秀传统文化和时代精神相结合的产物，尤其是传统师道文化与教育实践相结合的产物。

首先，在教育家精神引领当前教师人才培养的过程中，要积极用马克思主义理论作指导，挖掘优秀的师道文化资源，塑造优秀教育家榜样人物。教育家精神承载着丰富的文化记忆和民族精神，要组织系统收集、整理和分析探究与其相关的历史文献，探寻其在不同时代的发展和变迁。同时，积极挖掘本地教育家人文资源和人文遗迹，去感悟教育家办学、治学的奉献精神和心怀家国的情怀，并善于发现整合资源用于教学实践中，以激励更多鲜活的优秀教师群体的涌现。教育家精神也是广大普通教师，特别是优秀教师群体在从教实践中形成和发展的，每位优秀个体都可以是践行教育家精神的榜样。我们要大力收集、整合他们的智慧、经验、事迹和成果等。以打造青年教师工作坊为载体，引导青年教师坚定理想信念，锤炼育人本领，勇担文化强国、教育强国使命。通过多样化的途径形式，开展宣传推广这些名师榜样，让广大教师学习和借鉴。

其次，大力弘扬教育家精神，加强师德师风建设，培养知情意行、和谐统一的教师队伍。师德师风是教师的核心素养，也是衡量教师职业行为的基本标准。教育家精神很好地诠释了教师崇高的职业道德，展示了教师原有的职业风貌，为广大教师人才培养提供了精神和道德示范。各级教育行政部门和学校应加强组织领导，确保在教师人才培养过程中，将师德师风建设落在工作实处，而不流于形

式。如成立师德师风建设专门领导小组，明确责任分工，确保师德师风建设与教育教学工作同步推进。

再次，要围绕弘扬教育家精神，制定完善的师德师风考核标准，优化考评机制，强化监督机制。考核标准主要体现在"爱国主义、遵纪守法、敬业爱生、奉献精神、为人师表、治学从教、服务社会"等方面，既能体现教师的育人成绩，也能表现他们的情感需求和发展情况。在具体考评时，可以通过学生、家长、同事、学校、社会等多方位、多角度了解教师的教育教学成效和师德师风情况。另外，还要将师德师风考评过程化、立体化，贯穿于教师职业生涯发展的全周期，而不是每学期期末通过一张试卷来检测他们的师德师风情况。教师师德师风建设成效要作为其职称评定、评优评先、培训进修等的首要条件，从而激活广大教师弘扬教育家精神的精神动力。

最后，完善师德师风监督体系，充分发挥学校、家庭、社会等各方面的监督作用，以此形成监督合力，全面落实师德师风建设的各项要求，规范师德师风准则。通过各种会议定期调研分析教师思想政治状况和师德师风情况，增强工作的实效性，不断提高教师的思想政治素质。如按照上级工作要求继续深入落实教师师德承诺制度，组织教师签署"师德师风承诺书"，强化教师的行为自觉和自我约束，让教育家精神成为每一位教师的精神支柱。

三、弘扬教育家精神、引领教师人才培养的课程建设和管理维度

当前大力加强培养教师人才队伍建设，提升教师的知情意行水平，从而提高教师的综合素养，培养合格的人民教师、优秀的教育家型教师。因此，要不断优化课程培养体系、课程培养内容和对教师人才队伍的管理水平。

1. 培育和践行教育家精神，目的就是要促进教师知情意行的协同并进

"知情意行"四个方面内容和教育家精神是相契合的。教育家精神中的"育人智慧"与"知"的意思——认知、智慧一致；"道德情操"和"仁爱之心"，与"情"的意思——情绪、情感一致；教育家精神中的"理想信念"和"弘道追求"与"意"的意思——意志、意念相协调；"行"即实践、行动之意，教育

家精神中的"躬耕态度"很好地诠释了实践求真的价值取向。因此，教育家精神的六个内涵与教师人才培养内容的四个方面有机结合，将其融入教师教育课程建设中符合教育规律、时代特色和教师发展要求。

大力弘扬教育家精神，把教育家精神与教师人才培养的课程体系有机结合，深度融入教师人才培养过程，切实做到教师培养的常态化、长效化和可持续发展，对教师人才队伍建设意义重大。

首先，积极融入课程思政。在课程思政的构建中，引导高校师范生和入职前、入职后的教师树立文化自信，传承中华优秀传统文化，深化对社会主义核心价值观的认知，把个人的命运和职业前景与国家命运紧密结合起来。在课程思政中积极传递教育家精神所蕴含的理想信念、道德情操和师道追求，提升教师的思想政治意识、师德文明素养等。

其次，将教育家精神融入到具体专业学科课程和教育通识课程。依据具体学科的特点和发展历史，挖掘该学科在发展过程中涌现的优秀教师、教育家和特有的教育理念等。紧紧依托教育家精神深入挖掘提炼学科知识体系中蕴含的教育家精神资源，多角度、多形式地拓宽该学科课程知识的深度和广度，培养具有不同学科特质的教育家和优秀教师。同时，还要围绕教育家的先进事迹、著作文献、奉献精神、育人方法等，开展具体的案例教学，以实现培养对象对所学知识的形象性、生动性理解，将所学内容切实转化为提升自身综合素养的内在动力。

再次，要在实践课程中融入教育家精神，真实感悟教育家的人物形象和人格魅力等。在对师范生和教师的培养中，各主体要积极搭建平台，把现实中的教育家和"大先生"请到学生们中间，创设与教育家零距离接触的机会，现场聆听他们的教育案例，感受他们的教育精神。以此，能让培养对象更加真切地感受榜样力量，增强对教师职业的认同感。高校培养师范生时，在课程开发、日常教学、学业考试和教育实习等环节，都要体现教育家精神。同时，秉承开放、共享、协同的办学理念，学校之间、教师之间、师范生之间共享教育资源平台和共享优秀资源。

最后，把教育家精神融入到教师人才培养的各个阶段、教师综合素质和专业能力提升的全过程。有序探索构建涵盖新入职教师、在岗教师、专任教师和行政人员等分层分类培训体系，切实提升教师人才培养的综合成效。如在入职前开展入职教师岗前培训，教育家精神应是岗前培训的必修内容，考核合格方能上岗。将教育家精神纳入培养内容，帮助青年教师系好职业生涯第一粒扣子，引导青年教师坚定理想信念、构筑职业道德、涵养扎实专业素养、勤修仁爱之心。针对入职后的老师，也要建立继续学习、不断提升的培养机制，不断深入学习、丰富教育家精神。如在寒暑假举办卓越教师人才培训班，使革新教学理念、开拓学术视野。

2. 培育和践行教育家精神，要不断完善教师人才管理机制

教育家精神从政治立场、师德师风、教学方法、工作态度、职业发展、师生关系等方面，为完善教师人才的规范化管理标准，明确了精神尺度。当代教师人才的管理机制，应当以教育家精神为引领，逐步形成科学、合理、高效的教师准入、培养、考核、发展、监督、惩治和表彰等制度。

首先，建立科学、合理的教师资格考试和教师人才招聘制度，把好教师入门关。推进国家强师战略，要持续完善国家教师资格认可制度，建立完善符合教育行业特点和用人单位实际情况的教师招聘制度，严把教师入口关。但这并不是一味要求提高教师的学历门槛。如要求中学小学教师要达到研究生学历等，不符合教育发展实际，强师战略不是强学历，而是在教师招聘过程中，要立足于大学毕业生实际的从教思想、职业素养、师能水平等方面。这种唯学历、唯文凭和唯论文的招聘模式，人为地提高了准入的学历门槛，忽略实际素养考核，从而把一部分有实际教学能力和从教情节的优秀实践型学生拒绝在教师职业门外。因此，应该让真正愿意为教育事业乐于奉献的优秀实践型人才进入教师队伍。

在选拔考官时，考官自身的综合素养要过硬，这样才能识别优秀人才。又如在考核内容和考核制度中要明确教育理想、政治素养和师德师风等内容。坚持精准科学选人用人原则，依据招聘标准条件和岗位职责要求，从实际需求出发，把教育家精神的核心内容嵌入面试、心理测验和情景模拟考察等环节。

其次，不断优化教师考核、评价、监督制度，健全综合评价方式。推进对教师人才评价的改革，突出教育教学实绩，注重凭能力、业绩和综合贡献评价教师，坚决克服唯分数、唯升学、唯文凭、唯论文等现象，推进发展性评价。做到公开、公正、公平，减少不合理的行政干预等行为，让优秀教师拥有更多晋升的机会，推动教师人才有序发展。同时，完善教师荣誉表彰体系，规范遴选推荐流程，加大表彰宣传力度，增强教师教书育人的荣誉感和责任感。

基层学校可以结合上级各类荣誉称号的评选推荐工作，深入挖掘育人成果丰硕、育人事迹感人、得到普遍认可的优秀教师典型和立德树人榜样，用优秀教师的感人事迹诠释教育家精神的丰富内涵。如设立"弘扬教育家精神"工作室，通过学习培训、榜样宣传、课题研究等活动，为全校弘扬践行教育家精神提供有力支撑。再如，考核方案中体现教育家精神，将师德师风作为第一标准，引导教师自我对照开展自我评价。同时，还要实行多元化的主体评价，如学生、家长、社会等主体参与评价。健全和完善教师监督制度，确保教师政治安全、法律安全、道德安全等。完善群众和社会监督机制，设置来信来访接待室，建立网络监督实名举报平台等。

最后，优化教师管理和资源配置，强化地域和学科教师配置的合理性和科学性。针对当前教师岗位变化的实际情况，管理部门要深化人事制度和教师职称评定制度的改革，优化教师岗位结构比例，职称评聘向乡村教师倾斜。另外，要减少"大班额"教学现象，开展小班化、个性化教学，优化教师资源配置。尤其是要加强科学和体育美育等紧缺薄弱学科教师配备，强化思政课教师和辅导员队伍配备管理。同时，逐步优化中小学教师"县管校聘"管理机制，深入实施教育人才"组团式"支援帮扶计划、国家银龄教师行动计划、乡村首席教师岗位计划等，建立健全科学合理的教师人才资源配置模式，以促进教师人才培养。

四、弘扬教育家精神、引领教师人才培养的社会环境维度

大力弘扬教育家精神，是营造尊师重教的社会风尚，培养高素质教师人才的必备条件和重要支撑。师道尊严与教师的培养是不可分割的，如果教师的地位得不到应有的尊重，那么社会对教师人才的认可就会大大降低。这会直接影响教师队伍的工作态度和教师队伍的稳定性，教师人才队伍建设和建设教育强国的目标也将是一句空话。因此，优化全社会尊师重教的环境，推进教师人才队伍建设势在必行。

1. 确保教师合理的经济地位，营造和谐的生活环境

当前，管理主体要保障教师享有的物质待遇与其职业特点、职责使命和所作贡献相匹配。教育家精神使教师主体内在精神需求方面得到了满足，但教师是社会中的现实个体，社会性决定了其也有社会需求。所以，满足了精神需求后，也要满足其合理的物质需求。

合理提高教师的经济地位和待遇，激励教师队伍爱岗敬业、锐意进取，使教师朝着教育家精神的指引方向努力而无后顾之忧，应是题中之义。要不断建立科学合理、切实可行的薪资绩效、岗位晋升体系，在工资合理增长和稳步增长中协调一致。政府要做好调节，从本地实际经济社会发展情况出发，科学调节、统筹城乡收入差距，既要公平，又要突出效率，让善教者多得、乐教者多得、勤教者多得。

2. 保障教师的政治和社会地位，营造和谐的政治环境

教育家精神很好地诠释了教师应有的爱国情怀、奉献精神和永葆初心的政治品质。教师政治地位的提高，也是践行教育家精神的重要条件。当前还存在不良风气的冲击，社会层面对教师职业的要求、评价呈现多样性、复杂性，教师对自身综合素养的发展和职业认可也存在不坚定的现象。在现实中构建和谐的从教环境，给予教师建言献策的机会和渠道，为地方经济、社会发展和学校建设等方面提出有益的建议，对彰显教师的存在感、获得感和主人翁地位尤为重要。

教师队伍由不同的个体组成并存在于社会中，也具有社会性的特点。客观环境外部条件对教师成长、发展，有一定的制约和促进作用。环境好，则成长快；环境不好，则阻碍其发展。因此，要注重榜样示范、注重基层普通教师的人文关怀等。通过表彰、多形式多角度的宣传，并注重乡镇教师的均衡发展，从而增强教师队伍凝聚力，涌现出更多的优秀教师。因此，只有在全社会范围内，构建尊师重教的风气，突出教师职业的优越性，教师才会更加乐于从教、科学从教、安心从教。

3. 大力弘扬教育家精神，厚植尊师重教的文化环境

当前为了营造更加和谐的环境，提升教师人才培养的成效，需营造优越的文化环境，促进育师软实力的提升。通过宣传教育家精神，积极推进全社会涵养时代尊师文化，提高师道尊严，开展尊师活动和尊师教育，将尊师文化深入践行在教师培养的过程中和教师育人等社会活动中。

首先，营造增强教师自我认可度的氛围。在教师人才培养过程中，提高教师的荣誉感，建设荣誉氛围，创新开展教师宣传工作，潜移默化、沁润心灵，促进教师人才的培养。因此要加强对优秀教师的奖励和宣传，完善相关制度。通过教师入职、晋升、荣休等活动，传承教育家精神，对作出突出贡献的教师集体和个人，按照有关规定给予表彰奖励，宣传优秀教师典型。

其次，政府部门和学校等培养主体，要鼓励支持教师对教育家精神的教科研实践，形成一批高质量教师人才培养的学术成果。要不断强化教育、教师题材文艺作品创作，推出更多讴歌优秀教师、弘扬教育家精神的文艺精品进行展演、巡演；利用好新媒体等渠道，拓展教师人才的宣传阵地。如依托当地图书馆、展览馆和文化馆等，开展教育家精神主题等关于时代优秀教师题材的展览；加强舆论引导和监督力度，激浊扬清、弘扬正气，提升教师人才的培养成效。

最后，讲好中国教育家故事，传播教育家思想、展现教育家风貌。通过讲故事的形式，将弘扬教育家精神纳入教师培养的话语体系中，搭建教师交流合作平台，传播中国教育好声音，贡献中国教育智慧。各级培养主体要结合实际，讲好故事，形成以生动形象的故事育师的工作氛围。

党的二十大报告指出："教育、科技、人才是全面建设社会主义现代化国家的基础性、战略性支撑。"教师队伍是教育强国的第一资源，有高质量的教师，才会有高质量的教育。

教师是立教之本、兴教之源，强国必先强教，强教必先强师。大力弘扬教育家精神，建设高素质专业化教师队伍，必须坚持党对教育事业的全面领导；必须坚持贯彻党的教育方针，落实立德树人根本任务；把加强教师队伍建设作为建设教育强国最重要的基础工作来抓。强化教育家精神引领当代教师人才培养，需要持续不断地提升教师教书育人能力，健全师德师风建设长效机制，深化教师队伍

发展改革创新，加快补齐教师队伍建设突出短板，强化高素质教师培养供给，优化教师资源配置机制，从而打造一支师德高尚、业务精湛、结构合理、充满活力的高素质专业化教师队伍，为加快教育现代化、建设教育强国、办好人民满意的教育提供有力支撑。

教育家精神是教育使命和社会责任的有机结合，是教师神圣职责的高度彰显和升华，赋予了教育灵魂，没有使命感的教育是盲目的，没有责任担当的教育是轻浮的。教育事业关系到国家的未来和民族的命运，教师作为教育事业的中坚力量，必须承担起教育职业本身的使命。如遵守教育规范、传播文化知识、培育时代新人、引领社会风气等。教师自觉担当起社会和职业所赋予的职责，将自身职业发展同落实立德树人根本任务、建设社会主义现代化教育强国相结合，才铸就了以报国、身教、启迪、奉献、爱生、创新和豁达为代表的教育家精神。

只有大力弘扬教育家精神，加强师德师风建设，提高教师培养培训质量，才能培养造就新时代高水平教师队伍。大力推进教育家精神铸魂强师行动，核心要义是把握教育家精神在国家、社会、团体和教师个体层面落地落实的着力点，关键路径是从主体责任与培养成效两个维度入手。最终使教育者从被动的践行者转变为主动的自塑型教育者；让广大教师通过主动落实自我发展的责任，以切实保障自身和学生的教育质量，成就学生、成就自己和成就教育。只有这样，教育的问题才能回到教育的本质上，教师人才培养的创新发展才能回归到教育者自身的发展上，教育立德树人的根本任务才能真正得到落实。总之，教育家精神铸魂强师行动，是打造时代高水平教师队伍的重大举措，高水平教师队伍是教育强国建设的重要根基。

第三章　当代教师人才培养的经典学习

　　《中共中央 国务院关于弘扬教育家精神加强新时代高素质专业化教师队伍建设的意见》明确要求，要加强教师队伍思想政治建设，加强理想信念教育。建立健全教师定期理论学习制度，坚持不懈用习近平新时代中国特色社会主义思想凝心铸魂。持续抓好党史、新中国史、改革开放史、社会主义发展史学习教育。统筹各级各类党校（行政学院）等资源，定期开展教师思想政治轮训，增进广大教师对中国共产党和中国特色社会主义的政治认同、思想认同、理论认同、情感认同。

　　经典教育，承载着多元的功能。各教师培养主体，要积极建构一个全方位、多元化、长效化、常态化的经典学习机制，这对引导教师阅读经典并产生良好的精神文化思想培育效果意义重大。教师开展"读经典、强思想、践行动"，是实现其主体价值和实践价值的重大举措。面对当前阅读主体、管理主体、媒介主体存在的困境和不足，而展开对读经典路径的探究，也是全面落实立德树人根本任务的重要路径。本章浅析当前教师读经典的实践路径，推进建立一体化的经典学习体系，使教师养成读经典的生活习惯，从而升华境界、涵养正气、淬炼思想、指导实践。

第一节　当代教师人才经典学习教育的价值功能

教师的经典学习，就是要学习那些超越时空局限，对人类社会发展有着强大引领的权威性著作。这些经典具有经久不衰的"魅力、持久的生命力"和蕴含丰富"内容的张力、耐力"。

当代教师读经典、开展经典学习活动，不仅是提升其思想素养的关键途径，还是促进教师自身全面发展的基础和成长为合格的社会主义建设者、优秀教师的重大举措。

一、当代教师人才经典学习的主体价值功能

经典是人类思想与智慧的结晶，是人类文明进程与文化成就的重要载体。对于广大教师而言，品读经典是其获得知识、培育智慧、修身正心、增长见识、提升自身价值的重要途径。

1. 读典增信、读典铭使，是夯实当代教师全面发展的客观要求

经典是永远的精神力量，读经典，有助于当代教师的德、智、体、美、劳方面的成长与发展，有助于激发内在驱动力，锤炼马克思主义信仰，勇担使命。这是广大教师自我革命的重要途径和提升文化力的重要补给，也是社会发展和中华民族伟大复兴的客观要求，从而成为实现"两个一百年"奋斗目标的合格参与者。

研读经典，让经典走进教师生活、走近校园，引导教师"学史明理　读典铭使"，了解和掌握马克思主义的基本原理和基本方法，深刻认识中国共产党发展壮大的革命历程和中国特色社会主义发展的历史，确立马克思主义科学的世界观和方法论，肩负起时代使命。学习经典对于当代教师构建真善美的精神家园、收获幸福人生具有特别的作用。深入研读经典著作、理解其内涵，把握时代脉搏，

以牢筑教师思想之基、精神之源。

2. 感悟马克思主义经典作品内含的崇高人格和价值追求

形成"大格局、大心胸、大视野"的思想境界。当前教师读经典作品，在接受经典的智慧和道义滋养的同时，不仅能接触不同领域和不同时期的思想巨匠，洞悉他们的思维方式、作品的思想内涵和严谨的论证逻辑，学习作者高尚的品质等，还能体悟经典蕴含的强烈问题意识，拓宽自己的思维视野，掌握科学思想方法和发展思维能力，提升精神境界。

3. 坚定理想信念、涵养正气，提高人文素养、科学素养

当代教师要把经典学习当成一种习惯、一种精神追求。读经典，可以让人保持思想活力、启发智慧、生浩然正气，不断提高马克思主义理论素养和气质；尤其是坚定马克思主义经典的信仰、坚定社会主义和共产主义的信念，是当代教师经受住复杂考验的精神支撑。理想信念就是当代教师思想之魂，没有理想信念、理想信念不坚定，精神上就缺少灵魂支柱，自然就会消沉萎靡。读经典、强思想是教师人才成长的重要途径和方法。因此，自觉养成阅读学习马克思主义经典的习惯，意义重大。

4. 经典学习教育有助于培育教师人才的家国情怀

中国历来有"国之本在家""积家而成国"之说，家国情怀是当代教师人才必须有的使命担当。爱国主义教育的重要性毋庸置疑。自古以来，中国儒家思想中的"修身、齐家、治国、平天下"的观念，就是中华民族的集体生存法则；"精忠报国""兴国安邦"这种家国情怀，则根植在华夏儿女的内心深处。

广大教师是国家的知识分子，是社会主义建设的中流砥柱，爱国主义教育不应该只停留在口号层面，而应该入耳、入脑、入心。教师应当深谙国家的政治制度、政党制度和发展史，了解中国特色与国际比较，认识马克思主义唯物辩证法的基本规律，在深入学习与思考中培养出来的爱国主义才更深刻、更坚定、更持久。在卷帙浩繁的书海中，无论是《理想国》《政治思想史》《共产党宣言》等外国经典著作，还是《少年中国说》《红星照耀中国》《邓小平时代》等国内红色经典著作，都为爱国主义教育提供了"第一资源"。总之，爱国主义教育需要通过显隐结合、刚柔并济的方式共同进行，经典阅读是一种重要的隐性、柔性方式。在中华民族伟大复兴的追梦路上，教师是培养未来接班人的中坚力量，他们的民族情、民族心会深深影响学生的价值选择、行为道德正当性和社会价值创造力，这些都密切关系着社会主义事业的兴衰成败。

二、当代教师人才经典学习的实践价值功能

加强当代教师的经典学习，最大的优势就在于，指引教师这个职业发展的高度和广度，以实现教师的自身价值和社会价值的有机结合。中国传统文化中有"修身、齐家、治国、平天下"的说法，做一名合格的人民教师的前提就是要修身，拥有优良的内在思想德行。读经典学习教育，就是要培育一种植根于内心的崇高素养，一种正直、善良、诚信、宽容的优秀品质，一种自由、平等、公正、法治的价值理念，唯有如此才能培养出一名合格的优秀教师。

1. 掌握运用马克思主义等经典的基本理论能力和核心要求，敢于实践

读经典、强思想，坚定了教师的实践底气、勇气。勇于运用马克思主义等经典的立场、观点，分析新时代面临的新课题、新挑战、新任务，并在实践中解决具体问题。同时，也获得新认识，不断发展、创新经典理论思想，推进马克思主义中国化时代化的进程。经典是当代教师实现文化创新、理论创新和全面建设现代化国家实践的理论武器和力量之源。如读经典著作《资本论》，有助于我们更好地理解和把握现代社会中出现的经济、社会问题。

2. 聆听经典时代之音，掌握科学的思想方法，学以致用，善于实践

经典文献体现的不是固定的教条，而是指导实践的方法，教师要善于学会运用唯物史观和辩证法分析、解决问题。学习经典促进教师用科学理论武装头脑，掌握、运用新思想、新知识、新经验，善于提升师范素养和开展教育实践活动，这是促进当代教师符合时代发展和实现教育现代化的关键因素。读经典，增强实践效能，提升实践的科学性、持续性、创新性、主动性，使教师的思维和活动体

现时代性、规律性、创造性，从而用科学的理论和崇高的思想解决学习、生活和工作实践中的问题，做到言之有理、行之有度。

3. 读经典，在实践中增强理论创新和坚定"四个自信"

教师人才培养最终目的是增强其实践能力，在日常的教学管理等工作中要敢于坚持道路自信、理论自信、制度自信和文化自信，并传递给学生，促进自我和学生的提升。理论创新正是中国共产党保持生机和活力的法宝，广大教师积极理解应用经典成果，这也有助于学生掌握认识世界和改造世界的强大精神武器，树立正确的历史观，从而推动新时代文化理论创新，发扬中华民族文化和增强民族自信。

经典学习，是文化熏陶的重要形式，具有"春风化雨""润物无声"的作用，对于正处在精神成长阶段的学生而言，起到了"生命自觉"的成效。教师在经典学习中，自我了解、自我领悟和自我成长，增强对优秀文化的理解、增强了自己在社会中的归属感、增强对家国情怀等正确的认知，逐渐消除自我认识薄弱、自我价值缺失和对教师职业感到迷茫等现象，从而坚定"四个自信"，在实践中积极追求进步，实现自我价值。

当代教师要加强思政素养建设，才能成为合格的实现中华民族伟大复兴的梦之队成员，这离不开对经典著作的学习。学习经典著作根本目的就在于系统掌握和运用基本原理，在实践中推进马克思主义与中国实际的有机结合，从而树立正确的世界观、人生观和价值观，并运用科学的方法论，发现问题、分析问题、解决问题。善于经典学习、强化思想素养，开展理想信念教育，才能系统准确地掌握中国特色社会主义理论体系，才能科学地运用经典理论原理去分析和化解多样化、复杂化的矛盾和实际问题，这也是中国共产党成立以来不断进步的经验总结。

第二节　当代教师人才经典学习教育的困境和缘由

当前在社会多元化、复杂化的思想文化冲击下，在利己、拜金、功利主义等不良观念腐蚀下，部分教师丧失了理想信念、精神空虚、利益至上，导致思想落后、不求上进，忽略了人民教师应该坚守的师德师风等。经典学习深度、广度、持续性不够，参与读经典、学经典的人屈指可数，其教育功能发挥不充分。因此，推进当前教师"读经典、悟原理、践行动"活动也面临诸多困境，还需在实践中不断优化和完善、深入持续开展。

一、当代教师人才经典学习教育困境的根本原因：学习主体实践缺失

当前，广大教师的经典学习活动，主要在于图书馆的阅读推广工作，虽然在实际中有所重视，但只靠图书馆推动经典学习活动，也难以实现教育的预期成效。经典阅读是经典学习的路径之一，这些经过岁月筛选的经典著作是传统文化和人类思想精华的集中体现，涵盖了丰富的历史、文化、哲学、科学等内容，对教师人才的培养意义重大。但现实却存在以下的问题：

首先，部分教师思想意识认知不足，主观能动性不足。当前教师的经典阅读情致不高，常常是被动地为完成具体教学任务而读，没有充分意识到学习、发扬、运用经典的重要意义。其次，教师用在经典阅读方面的时间较少。他们主要承担着教学管理、评职称岗位竞争、家庭生活等压力，在校时间主要用来进行学科专业教学，以及应对学生各种考试、实习和管理等任务。对于教师而言，他们在课余时间，还要加强实践技能的训练、教学科研探讨和参加教师教育的社会实践等活动，自主经典学习的时间更少。同时，在空闲时间，除了陪伴家人、处理社会关系外，他们更易于接受如体育锻炼、旅游等娱乐放松活动，针对读经典的计划和专项活动很少。最后，读经典内容片面化、片段化。主要选择感兴趣的篇

目泛泛而读，缺乏深度和整体性、综合性，阅读量不足。如仅局限于对经典作品的解读，没有涉及经典作品背后的历史、背景人物等多方面的知识，同时也未能和实际联系起来，那么就不能起到很好的作用。

二、当代教师人才经典学习教育困境的重要原因：管理主体功能缺失

当前广大教师的经典学习，还受到不同主体的制约和影响。如学校管理者、校园文化建设的设计及实施者、图书馆、教务处等，这些主体没能在实践中依据教师教育发展的实际情况，采用灵活多样、喜闻乐见的方式去丰富经典学习的路径。

首先，各个学校整体校园文化氛围构建的缺失。这主要体现在经典校园文化环境专项构建的缺失，导致对教师和学生的培养缺乏完整性与延续性。校园文化对广大教师和学生爱经典、读经典有着潜移默化的作用，对教师的思维模式、思想意识、整体塑造与精神面貌的影响深远。其次，学校图书馆在对经典阅读推广方面的实效、职能和话语权较弱，还面临诸多障碍。图书馆发起、开展的经典阅读活动缺乏与课堂教学的联系，游离于学科教学、课程思政、人才培养体系之外，难以真正融入核心课程体系，图书馆与学院和课堂还未形成一体化的读经典实施机制。图书馆推广经典阅读，存在借阅偏低、参与不积极、推广人员匮乏、活动较少等问题。另外学校的各学科教研室、职能处室重视不够，认识不到位，思政教育也局限于某一方面，学习效果不明显。最后，校园社团活动侧重于在技能和专业课方面，对经典阅读推广缺乏系统规划与组织实施，活动内容缺乏深度、形式单一、影响力有限。如形式上主要以图书推荐、阅读分享会、讲座报告等为主。同时，部分教师的思想认识不到位，对经典的理解还有欠缺，还不能很好地对经典的精神思想进行吸收，无法完成经典学习教育的任务。

三、当代教师人才经典学习困境的客观原因：媒介主体实效缺失

各个学校、教育主管部门，在开展教师读经典学习的时候，还要架构好的传

递媒介载体。但目前基于教师人才的培养、新媒体的传递、校园活动的推广、教师课堂的引领和学校制度的保障等方面的载体构建，在推动教师学习经典的实效方面都还存在不足之处。

人们的生活内容、生活方式、思维方式随着社会时代的发展，都发生着巨大变化，对世界的认知也与经典诞生时期存在差异。首先，经典书籍等载体呈现的语言文字、表达方式、语言环境、思维逻辑等差异，加之经典载体展示的背景内容等，因跨越时代久远而可能与当今现实生活脱节，致使读者难以读懂。其次，新媒体时代下阅读媒介改变，阅读方式也随之改变，主要有网络阅读、数字阅读、影视阅读等形式。阅读时呈现出内容无序化、时间碎片化、形式娱乐化的特征，导致实效性不高。

当前继续加强教师人才队伍建设，是落实立德树人根本任务、落实建设教育强国战略目标的最基础、最重要的工程，是大力推进教育现代化和构建教育发展新格局的战略重点。在教师人才培养过程中，要充分发挥师德师风、为人师表的引领作用，全面提高教师教书育人的职业素养，完善师德师风建设的长效机制，不断深化教师队伍改革，加快弥补教师队伍建设的突出短板，优化教师资源配置和供给，为切实构建一支师德高尚、业务精湛、结构合理、富有生机的高素质、专业化教师人才队伍，从而为加快推进教育现代化、建设教育强国和办好人民满意的教育提供坚强的支撑。

第三节　当代教师人才培养经典学习教育的路径

"读经典，悟原理"是我国百年革命和建设实践经验的总结，"站起来、富起来、强起来"的飞跃，离不开马克思主义和马克思主义中国化经典理论成果的指导。深入研读经典著作，是掌握马克思主义基本理论的关键环节，也是实践创新的基础。马克思主义经典著作是党内学习的重要内容，并在实践中指引党的事业沿着正确的方向前进，实现了马克思主义中国化的不断飞跃。

毋庸置疑，当代教师要面对纷繁复杂的社会环境、思想情感问题、繁重的学习和家庭生活压力等。在面对浩如烟海的经典著作时，如何把读经典作为一种生活习惯、一种自觉的精神追求，如何避开教条主义、形式主义，如何将理论与实践辩证统一，如何建立常态化、长效化的学习机制，是一项重要的命题。因此，教师要积极把个人的成长实践历练、职业生涯规划发展与经典的普遍原理、理论成果与中国革命、建设历史及中华民族伟大复兴的历史征程相结合，力求在时间上经常读，在范围上广泛读，在方式上实现交流中读、实践中读，达到读懂、学通、践行动的目标。

一、经典学习教育的管理主体——宏观路径构建

教育主管部门、学校是教师职业发展、综合素养成长的第一依托。教师的经典学习教育，要把马克思主义经典中的思想政治教育和科学的方法论等理论价值转化为现实价值，要把中华民族几千年来的传统经典文化和马克思主义中国化、时代化的成果融入到教师的工作、学习和生活中。学校的各个管理主体要建立科学合理的管理机制和承担起应有的责任。

1. 管理主体积极构建科学合理的管理机制，协作推进

教育主管部门和学校要积极构建学校、图书馆、教研室、社团等不同主体共同参与的多元化、一体化的经典阅读体系和管理制度，统筹协调、有序地推进经典阅读活动。

（1）教育主管部门、教师发展中心和学校构建多学科、多元融合发展的教学模式和课程体系。按综合课、学科专业课、教育理论课、经典教育课和技能实践课五大模块开展设计课程结构，为教师掌握经典内容、感悟经典丰富的内涵创造条件。实现专业课程、思政课程与经典学习教育内容的全方位融合、综合渗透，提升学科专业综合化发展，提高教师的综合素质。

第一，要不断提高教师的教学、学术水平，保持和强化教师教育特点。这才能发挥教师教育、文理思政素养建设的综合优势，促进人文、自然学科与经典教育学习协调发展。教师的经典教育学习与其他课程实践的融合发展，最终要体现在课程体系和教学内容的设置中。主管部门和学校要将通识教育、专业教育和经

典教育相结合，积极构建打造人文科技经典教育的课程平台。

第二，地方教师人才发展中心要加强精品经典课程建设，开设经典理论课、经典传统文化课和红色文化课等。积极打通学习的壁垒，注重方法的灌输，从而优化教师的知识和能力结构。教师人才发展中心在教师的经典教育学习中，要突出时代需要的教师人才配用模式。在教师发展转型过程中，把握住教师人才提升综合能力的方向。在综合培养中突出师德师风建设，强调人文教育、科技教育和师范生的思想精神相融合，使教师人才在做人、做事等方面都能协调发展。

第三，选取经典的重点篇章让教师精读。改革开放以来，中共中央始终贯彻"学习马列要精，要管用"的原则，精选精读经典著作，"精"确选择重点书目文献，"精"细研读经典文本，"精"准感悟理论精髓。理论篇章要"精"选：一是选择能集中体现马克思主义立场、观点、方法的重点书籍或篇目；二是根据不同时期具体实际，精准选择对解决中国现实问题和中共中央建设有重要指导性意义的书籍和篇目。只有文本研读做到"精"细，理论的掌握才能"精"准。教师要运用科学有效的学习方法，认真研读原著，不能采取浅尝辄止、蜻蜓点水的态度，要系统学习感悟马克思主义理论精髓。

（2）教育主管部门和学校大力推进校园文化经典内容专项建设，发挥文化氛围育人的功能。学校要用优良学风、校风陶冶教师和学生的情操。

第一，学校在不断强化校园经典内容精神融入校园文化建设的过程中，加强校园的硬件、软件设施建设，积极利用建筑物和校园网络平台构建营造经典学习氛围。如把经典教育内容与校史校歌校训等宝贵精神文化资源相结合进行宣传，培养教师求真、务实、爱岗敬业、甘于奉献等师道精神。学校积极加强人文景观的建设，建成一批蕴含丰富经典内容的人文景点。把图书馆、阅览室、教室、寝室、餐厅、各种宣传亭等校园公共地带，合理地装饰成各具特色的经典育人空间，使教师和学生在校园里可处处享受到经典精神思想带来的人文熏陶。

第二，地方政府要加大对教师经典学习校园活动的扶持力度，营造经典学习的优良环境。如加强校园网络文化建设，增加经典教育时间、空间。开展丰富多彩、积极向上的校园文化活动，采取设立学术活动日、讨论班及举办学术讲座等形式，营造浑厚的经典学习和学术氛围，使经典学习课内外结合、学习与校园活动结合，构筑全方位校园学习体系，为教师经典学习搭建舞台，提供个性发展的广阔空间。同时，积极开展富有时代气息的科技文化艺术与经典相融合的各类活动。如举办文化节、艺术节、电影节、音乐节、体育节、学术节、科技节等，活跃校园经典学习的氛围，让教师积极参与其中领略经典的精神要义。

（3）强化教师发展中心、学校、教研组和图书馆等主体的沟通协调，做好统筹。

第一，教师发展中心、学校加强与地域图书馆、档案馆、新华书店等的交流合作，从宏观上为教师读经典活动提供坚强有力的后盾。同时，统筹协调教务处经典阅读课程的设置和管理制度等。如除上级主管部门和学校开办的专项经典学习外，适当加强经典哲学等课程设置，开设经典阅读推广课程，提供必要的阅读时间。

第二，教研组在专业人才培养方案中融入经典阅读的内容，有效开展经典阅读的学习活动，如定期读经典分享、读经典演讲、经典书籍展览、经典知识竞赛等。尤其是思政课教研员和思政课教师要利用专业优势，抓住集体研讨或者其他教研时间，积极向广大教师推广经典阅读活动。

第三，确保图书馆拥有丰富的经典阅读资源、阅读空间和多样化的阅读媒介等。还要引导教师对经典内容开展学术课题研究等，促进实践性研读，并积极建立经典交流专项平台，保障经典阅读有效进行。

（4）各地教育主管部门和学校加强对教师经典学习社团活动的政策支持和实践引领，吸引广大教师积极参与。大力支持经典学习社团建设，推动教师经典学习实践活动从校园内走向校园外，让经典学习之花盛开在校内校外多个平台和场所。各种经典学习社团组织就是活动的载体，要激发广大教师主观能动性，利用工作之余组织多种读经典学习的活动。如建立读经典教师社团组织、经典学习俱乐部，推广校园经典阅读沙龙，邀请知名学者、教授举办专题讲座等，给教师创造丰富的交流学习形式，吸引他们广泛参与。另外，学校基层党支部活动、教研组活动等要加入经典内容的学习，通过在活动中的经典学习教育，让教师阅读经典名著，热爱真理，追求高尚的生活，成为当代合格优秀的教师。开展主题鲜明、丰富多彩的校外社会实践活动。教师的经典学习教育不能只停留在理论上，更重要的是要把感悟到的思想精神在实践中运用升华。

因此，要开展丰富的实践活动，为教师学习教育提供广阔的舞台。如积极把社会实践、服务社会等相结合，开展社会调查、志愿服务、公益活动和经典文化博物馆实际调研等，让教师在实践中受教育，增强社会责任感，调动教师自主参与经典学习教育的积极性，把握教师教育的方向和灵魂。

2. 搭建优质平台，提升教师人才集中培训的质量，办好教师的经典学习教育

在教师人才培养过程中，教师经典学习教育，旨在为党培养信仰坚定、能力突出、素质优良、作风过硬的优秀教师。广大教师也要以具有忠诚的政治品格、浓厚的家国情怀、扎实的理论功底、突出的能力素质作为自身职业发展的方向指引。

（1）教育主管部门和学校充分利用教师培养这个项目大力推进"读经典、强思想、践行动"的活动，从而培养全面发展的社会主义建设者和优秀人民教师群体，确保有充足的思想过硬的当代教师人才。同时，还要强化责任，各个教师培养的管理主体要统筹领导，加快推进教师经典学习教育活动的开展，学校切实做好经典学习的相关计划、措施等的设计，为读经典活动提供有力支撑。由此，教师的经典学习教育充分融入到教师人才培养内容中，各责任主体合理分工、层层压实责任。同时，结合时代特点，遵循教师发展规律，给其成长注入经典的精神和思想理论的种子，不断提升其内在动力。教师人才培养，要"持续性、高效性"抓好经典教育学习，指导广大教师达到"学思践悟、身正为范、学高为师"的师道要求。

（2）充分发挥学校的主渠道作用和其独特功能。这对于教师的思想建设和落实教育立德树人的根本任务具有关键作用。积极开发经典学习资源，如各类经典理论思想、人物、故事、革命文化和社会主义先进文化等经典内容，尤其是教师易理解、易接受、感兴趣的经典资源。同时，对不同专业和学科背景的老师，甄别使用经典内容，因材施教。

（3）经典学习教育要坚持整体性、辩证性和系统性，增强教师读经典学习教育活动的主动性。经典学习教育，把实现教师的个人价值和国家前途命运紧紧联系在一起，使教师以高度的历史主动性感悟新时代国家社会深刻变革，把握其所蕴含的历史经验、时代内涵和发展规律。因此，教师读经典学习教育，要从整

体上弄清楚经典内容和相关的历史事件、历史人物、历史背景的内在联系，运用唯物史观的基本原理分析社会发展和经典理论产生的必然性。读经典还要坚持辩证性，以此引导广大教师正确认识中国革命和建设历程中的挫折与成功。同时，还要坚持系统性的读经典教育，不局限在某一门具体的课程中，系统整合思政课经典教学内容，实现经典、历史和现实相结合，使教师在立体的时空中理解经典的真理性、指导性。

（4）引领教师勇于在实践中读经典。经典不是教条，而是指导革命实践、国家建设和教师人才成长的方法论。必须结合现实生活中的问题，来学习各类经典。带着问题学，学习是为了回答、解决问题，运用这种方法，才能真正学懂经典文献。死记硬背，并不意味着读懂了经典著作。当代教师读经典，不仅要坐而论道，更要起而行之。教师的经典学习不能停留在理论上，要与社会发展、时代特点相结合，要实现教师主导性和主体性相统一的原则。通过分组研读、情景展示、课堂辩论、课后实践等方式理解经典对现实的意义，在实践中增强教师对经典精神的政治认同、思想认同、情感认同，以实现在从教道路上身正为范的引领作用。

二、经典学习教育的学习主体——微观路径构建

阿根廷著名作家博尔赫斯指出："经典是一个民族或几个民族长期以来决定阅读的书籍，是世世代代的人出于不同的理由，以先期的热情和神秘的忠诚阅读的书。"学习经典，加强教师的经典教育，最重要、最根本的主体是教师自己；经典教育成效的好坏，主要在于教师自身主观能动性发挥程度的高低。因此，管理主体也要制定合理的经典学习的激励、评估、推广和保障等机制，充分调动教师参与经典学习的主动性。

通过对教师的经典学习教育，提升其思想道德素养。将提高教师的思想道德素养放在首位，以理想信念教育为核心、以爱国主义教育为重点、以基本道德规范为基础、以教师职业思想教育为特点，把理想教育与思想教育结合起来，对教师进行思想政治素养培养和师德、师观、师魂和师能教育，促进教师人才全方位发展。

1. 教师要多读、精读经典哲学著作和重点文献，读懂弄通

经典哲学是一切科学研究的"母科学"，有着一个完整而严密的科学体系。教师要加强哲学理论学习，夯实理论功底，塑造哲学思维，把握世界、引导生活、提升人性。

首先，抓理论方向。这样才能准确、完整、全面地理解马克思主义经典思想，强化理论武装。因此，在教师人才培养过程中，把经典读懂弄通才是关键，才能指挥教师的教育教学实践，而不会成为空中楼阁、纸上谈兵。

其次，扎实提升研读哲学著作的能力、分析能力、实际解决问题的能力。如读懂《1844年经济学哲学手稿》《德意志意识形态》等，掌握人类社会发展的基本规律。同时，用心读、用心感悟，注重人文情怀，善于在与错误思潮的斗争中阅读。另外，还要积极开展经典篇目案例分析，要尊重原著，因为其知名度高、影响力大、内涵丰富等，要置于当时历史背景、历史语境、时代环境中，抓住主题、情节精细阅读，从整体感悟当时社会现实生活的境况、社会诉求和作者的思想等，从而准确理解和把握经典、文献的思想内容，获得真实认知，才能将经典知识融入到社会实际中，提高广大教师的创新、思辨、分析等能力。

最后，还需学习经典注释评点本。以导读书籍和导读讲座、导读课、导读微电影等形式开展，并充分利用各种多媒体视听，消除语言障碍。教师要多参与名家报告会和精品课堂，尤其是人文社科和哲学社会科学的讲座或报告会，认真聆听名家对经典哲学的解释；加强经典哲学与社会主义核心价值体系联系，丰富学习经典内容体系，牢固树立正确的世界观、人生观、价值观；学会用经典哲学理论观察新形势、研究新情况，按照客观规律解决新问题。读经典哲学、重点文献，更要虚心用心、"俯下身子读"，不懂就问、不耻下问，切忌主观臆断、不懂装懂，切实学深悟透、融会贯通，这样才能真正掌握马克思主义的立场观点和中国化、时代化的马克思主义。

2. 务求实效，理论联系实际是首要标准

教师人才的经典学习教育过程要积极融入、联系当前教育实际情况和具体教学实践活动，在社会实践中深化认识并指导教学管理等工作。

首先，经典学习教育力求学思悟结合、知行合一，学以致用、用以促学、学用相长。因此，结合历史、现实和实践去理解经典内涵，指导广大教师认识世界和改造世界，解经典、出实效。大学生读经典要弘扬理论联系实际的学风，联系学习生活实际，把研究解决问题作为学习的着眼点，绝不能坐而论道、凌空蹈虚。

其次，经典学习教育要把握时代脉搏，强化问题意识，正确认识经典著作反映的时代问题和对当前的意义。读经典，要抓住作家对当时的时代问题的论述，尤其是学习他们深度研判的路径和解决问题的方法，正确审视当代社会发展中的问题与困境。

再次，经典学习教育要主动学、及时学才有实效。增强教师读经典的内生动力和主观能动性，要及时学习新的中国化、时代化的经典理论成果，特别是习近平新时代中国特色社会主义思想等科学思想理论，做到学习跟进、思想跟进、实践跟进。把经典的基本原理同推进中华民族伟大复兴征程有机结合，丰富发展马克思主义，促进其中国化，赋予其勃勃生机。总之，为求实效，就要杜绝形式主义，做到善始善终、善作善成。广大教师参与社会实践活动是践行经典内涵、追求实效的重要途径之一。社会实践活动将经典知识转化为实际能力，拓宽教师的视野，培养实践能力、科研能力、创新能力、沟通能力和组织能力等综合素养，为社会发展和个人成长作出积极的贡献。比如，积极参与社会志愿服务活动、经典学术研究活动，通过自主选题、收集资料、分析数据、撰写论文等过程，对所读经典进行系统性总结和归纳，从而促进教师运用科学的研究方法和逻辑思维学习经典。

最后，教师还要联系自身实际，合理安排、利用时间，制订科学计划，不盲目求多赶快，这是读经典出实效的关键。比如，充分利用碎片零散时间，如等车、排队等，可以进行简单阅读，读读经典的摘录、笔记或观看手机微视频等，保持读经典的连续性。再如，合理利用某一时间段，如在空闲的假期、周末等，可以安排连续的几个小时来专注地读经典。这种连贯性的学习可以提升思维的深度和广度，以更好地理解经典的思想内容。还要合理分配休息时间。长时间的读经典也会导致大脑疲劳等，将学习和休息的时间合理地分配，实现注意力集中时间和休息时间的合理搭配，以获得更好的学习效果，实现时间的高效利用。

3. 经典学习教育，要加强与党史学习的联系，不忘初心、砥砺前行是经典学习教育的根本目的

广大教师"读经典、强思想、践行动"要加强和"四史"教育学习的结合。党史经典蕴含党的灵魂精神；中国先进文化的结晶，铭刻着一连串民族性、时代性、地域性的文化记忆。当代教师人才培养要开展党史经典学习，造就一支规模宏大的高素质教师人才队伍，对于党和国家事业的意义重大。

因此，要强化"四史"（党史、新中国史、改革开放史、社会主义发展史）学习，传承、弘扬中华民族优秀传统文化和民族精神，增强文化自信。教师人才培养要加强爱国主义、集体主义、社会主义等先进文化教育，使教师读经典、学历史、悟精神、强思想、践行动，从而厚植爱国主义情怀，提高道德情操和文化修养，塑造健全人格，树立正确的历史观、民族观、国家观、文化观，增强民族自豪感和自信心，成为德才兼备的高素质教师人才。

首先，"学史力行"是读党史经典的落脚点。这里强调教师要把读经典和学党史的成果，积极转化为指导改造主观世界、客观世界的有效行动，注重成果转化的实际效果。学习旨在运用，学到的理论精神如果只停留在书本上、装在大脑里，不能落实到行动中，就会出现"一语不能践，万卷徒空虚"的困境。学党史要深刻理解党的光荣传统、历史经验、奋斗历程和党的伟大成就，以此强思想、鼓斗志、聚力量，牢记"四个意识"、坚定"四个自信"、践行"两个维护"。当代教师要静心读党史经典，感知党发展的历史，感悟共产党人的初心和使命、坚定信念，用党的创新理论成果武装头脑，积极投入到实现第二个百年奋斗目标的新征程中。

其次，学史明理、学史增信、学史崇德，有助于强理想信念之根、筑智慧力量之源、砥砺人格之基。在教师人才培养过程中，强化学习领悟"红船精神"、遵义会议精神、长征精神、抗战精神、延安精神、九八抗洪精神、抗震救灾精神等，学习一批又一批的爱国志士、英雄人物、革命先烈的英雄事迹。党史经典内含丰富的精神力量和无穷智慧，是一笔宝贵财富。《星星之火，可以燎原》《实践论》《矛盾论》等一系列党史经典或重要文献，凝聚着共产党人的激情和智慧，饱含着丰富的人文精神和道德情操。党史经典是红色与激情、理性交汇的积

淀，充盈着一种道德进步的牵引力，具有道德教化功能，能够潜移默化地感化心灵、陶冶情感、升华情感、激励精神。教师应原汁原味地体味党史经典中的精髓，以一种积极进取的心态去领略经典的精神境界，不断锤炼人格，自强不息、革新求变。

广大教师在学习生活等实践中，坚持马克思主义立场、观点、方法解决实际问题，是促进其研究能力、学习能力、生活能力、创新能力等提高的重要举措。当代教师只有真正理解马克思主义等经典的理论精神，才能成为肩负民族复兴的合格梦之队成员，在当代绽放优秀人民教师的光彩；才能在历史和现实的融通中把握历史大势，在现在和未来的连接中增强责任担当。因此，当代教师人才培养，建构一个全方位、多元化、长效化、常态化的读经典学习教育机制，实现"读经典、强思想、践行动"的目标，对广大教师人才培养成长有重要的意义。这需广大教师更加主动地学习经典，从而把其转化为认识世界、改造世界的强大精神力量，这是实现中华民族伟大复兴的重要力量。

第四章　当代乡村教师人才队伍培养的党建领航

　　全面加强党对教育工作的领导，以党建领航乡村教师人才队伍建设，落实立德树人根本任务，切实推动当前乡村中小学教师人才队伍建设意义重大。

　　当前办好人民满意教育的根本保证是强化党对教育工作的全面领导，要不断健全和发挥中小学校党组织领导作用的机制，确保落实党组织在教育发展方面把方向、管大局、作决策、抓班子、带队伍、保落实等的领导职责。要把党建工作作为引领办学、治校、培养教师人才的重要任务，充分发挥基层党组织作用，加强党员教师队伍建设，使基层党组织成为学校教书育人的坚强战斗堡垒。在此背景下，充分利用党组织的堡垒作用和党员的先锋模范作用，是促进乡村教师人才队伍建设的一项重要措施。

　　乡村教师人才队伍建设也是高素质教师队伍建设的重要组成部分，党建领航教师人才队伍建设，对保证乡村教师人才的发展尤为关键。乡村教师人才培养要把党的政治建设摆在首位，强化党对教师队伍建设的领导；特别是选优配强学校基层教师党支部书记，强化支部书记"双带头人"培养，充分发挥教师党支部的战斗堡垒作用和党员教师的先锋模范作用。

第一节　当代乡村教师人才队伍建设存在的问题

党的十八大以来，乡村教师人才队伍建设，越来越成为当前中国式现代化教育的基础性工作。特别是党的二十大报告中指出："教育、科技、人才是全面建设社会主义现代化国家的基础性、战略性支撑。"将教育、科技、人才并提，以党建领航赋能乡村教师队伍的高质量、高效率发展，是贯彻落实党的二十大精神的重要举措。这也为乡村教师全面发展赋予了新的内涵、建构了新的环境、注入了新的源泉，从而不断深化发展乡村教师人才队伍培养。

现阶段乡村教师人才队伍建设的主要问题，从师资总量不足、学历不达标、待遇较低等逐渐转向整体素质不高、缺乏职业认同、学科教师配备比例不协调和内生动力不足等。但当前农村学校党建工作基础薄弱，学校党组织和党员的两个作用发挥还不够，存在党建与学校教师人才培养工作脱离的现象。目前乡村教师队伍建设主要存在以下问题：

一、教师组织架构失衡，缺乏稳定性

乡村这个词，在《中华人民共和国乡村振兴促进法》中定义为，城市建成区以外具有自然、社会、经济特征和生产、生活、生态、文化等多重功能的地域综合体。由于受到政治、经济、文化、历史、地域环境等因素影响，当前我国教育呈现出典型的城乡二元化分割特点，且差距相对较大，对比城市教育、教师培养发展，乡村教师人才队伍建设面临诸多问题。

1. 优质年轻教师流失较快

乡村教育主要是以乡村小规模学校的载体存在，这是乡村教师队伍建设最大的难点。有学者曾提出，"当前教育被'总量均衡'所掩盖的'校类结构失衡'是中国乡村教师队伍建设面临的首要问题，尤其是乡村小规模学校问题"。2021

年全国共有乡村初中专任教师 556051 人，在校 6378055 人，乡村小学专任教师 178747 人，在校生 24504815 人。按照国家"开足开齐课程"的基本要求，乡村小规模学校及教学点专任教师的实际需求量远远大于国家规定的师生比、班师比所核定的专任教师数量。乡村小规模学校在教师队伍培养方面供血功能极其有限，加之人员类型复杂多样、年龄结构两极分化等，这些特征导致了该群体师资力量弱化、供需失衡、流动无序、流失率高、职业发展空间受限、发展的内生动力不足和综合素养提高受限等问题，这严重制约着乡村教师队伍有效地发挥其应有的功能。

据统计，2017~2021 年，乡村教师数量减少最快。如部分刚毕业的年轻乡村教师进编后，却又在"逃离乡村、返回城市"思想的主导下，在教学之余参加各种考调考试，没有真正潜下心来规划自身专业发展与提升教师能力，更没有将教育家精神融入自身职业发展之中。又如在一些偏远地区中青年乡村教师流失更严重。这些教师认为乡村学校并不适合长期发展，一旦达到特岗教师或公费师范生的履约期限，他们往往选择重新考试去争取另一份职业或岗位，更有部分师范生甚至选择在履约期间违约。因此，优质乡村教师和青年乡村教师的流失，成为制约乡村教师队伍和乡村教育高质量发展的重要因素。

2. 教师年龄结构不合理，教师老龄化程度严重，生源较少与教师结构性缺失

这种不合理的年龄结构给乡村教育和乡村教师发展带来了许多消极影响。首先，他们受身体状况、长期以来的知识架构固化、学习能力和工作积极状态不足等限制，无法保证乡村学校的教育教学质量，更难以满足新时代的教育教学改革的实践需求，教学效果自然不尽如人意，尤其是丧失了发展自身的动力。

其次，年轻教师的工作积极性容易受到影响。乡村教师职称评定的名额有限，但却因中高级岗位满额，加之生源减少，配备的名额更少，优秀的年轻教师长期无法竞聘职称，这也严重影响了年轻教师的工作投入与自身职业发展。

在现代社会快速发展的影响下，人们追求更便捷、更现代化的基础设施与更优质的公共服务，变迁的乡村学校也成为教师想要逃离和不愿坚守的"空心地带"。由于农村的聚集和离散程度不同，乡村教育存在诸多分散的教学点。这些

教学点教学资源匮乏，教学环境、教育条件普遍落后，教师生活枯燥单一，教师进取心极其容易受到影响。因此，教师专业发展受限，导致现有乡村教师存量难以满足基本教学需求，在教师数量无法保证的前提下，教师队伍建设、打造教育家型乡村教师就很难实现。

3. 专业发展起点低、专业知识和素养基础不牢

乡村教师队伍内部不同教师个体，在专业能力、专业文化基础、综合知识及学历等方面，与城区教师存在较大的差距。由于在教师引进的时候，设置的门槛低于城区，加之入职后的继续教育培训和自我提升滞后，导致这样的差距越来越大。此外，由于乡村教师长期在相对封闭的环境中工作生活，其教育视野相对狭窄、教师科研水平较低，教育科研水平的高低是衡量教师专业水平高低的重要因素。我国大部分乡村学校对于教师的教育科研发展、教学团队建设工作不够重视，还没有把教师的发展培养，尤其是培育学者型、实践型和教育家型教师，列为日常工作中的重要组成部分，这样自然也就造成教师人才队伍培养工作不到位。

二、教师队伍管理体制相对滞后

目前乡村教师队伍管理体制相对固化，在师资供需难以调配、学生生源急剧下降的背景下，师资需求发生变化。因此，要保持师资数量、质量和学科比例的平衡，需要科学、合理、灵活的教师人才管理体制和教师人才培养发展机制加以支撑。

1. 乡村师资的实际供给与现实需求的匹配度低

教育主管和人事部门，在配给乡村教师资源时，没有从学校实际和学生实际出发。首先，学校现行教师编制标准以学龄人口数为基数决定变量，但目前随着学生人数不断减少，教师总量出现"富余"，就不能新增多余的编制以补充优秀年轻教师。同时，学科教师的配备又不合理，部分学科教师严重不足，于是就从总量富裕的教师中抽调来弥补，这就无法保证教育质量，也进一步说明了教师发

展的缺陷。

其次，在当前"自上而下"的编制总量核定逻辑下，有限的新增编制也很难真正落到乡村地区。地域的新增编制主要放在城区学校，导致乡村学校老龄化现象越来越严重，教学质量和教师人才队伍发展同城区的差距也越来越大。再次，城市化进程加快，人口集中在城区，农村学校布局优化、乡镇寄宿制学校建设需求增加，需要同步配置生活教师、心理教师、安保、食堂工作人员等。

最后，教师动态调配难度大，校际之间的师资难以实现相互补充协调，跨区调配教师管控严格、程序相对复杂，难以缓解乡村教师实际不足的问题。

2. 当前乡村教师队伍在数量、结构和质量等方面存在诸多问题，难以满足推进教育强国战略、办好人民满意教育的目标需要

首先，乡村学校在师资竞争中处于劣势地位。乡村教育振兴，也亟须大力发展培养乡村教师队伍，增大政策和制度的扶持力度，以解决优质师资流向经济文化发达的城市地区的问题。地方主管部门在对城乡教师资源进行配置时，要积极调整结构不合理、城乡不协调的现状，以改变农村教师队伍综合素质不高、无法满足群众对优质教育需求的现状。如针对特岗教师的强制性政策，难以维持乡村教师的稳定性，不利于教育家型乡村教师培育。调查数据表明，特岗教师任教三年后有离职倾向的占31%。

其次，政府引进高层次、实用性高层次人才的政策，缺乏灵活性，对乡村教师人才引进的支持力度不足。比如，在人才引进时设置"211""985"大学毕业生等条件，而这类学校毕业的学生，很多不愿意去乡村，即使去了也无法保证稳定性。所以，管理体制上还需从乡村教育实际出发，杜绝僵化、浮夸。

最后，当前管理部门制定的评价机制不够灵活、职称评定门槛较高。同时，缺乏健全良好的体制来保障教师终身学习，学科优秀教师队伍分配不均，农村优秀骨干教师的流失控制不好。

三、资源分配不均，教师自我发展的内驱力不足

乡村学校现状难以满足当前教育发展对教师人才队伍建设的需要。当前大部

分乡村学校和乡村教师两个主体，在推动教师人才发展时，都缺乏主动性、联动性、整体性。

1. 学校和教师两个主体主观能动性不足

首先，乡村学校缺少对自身特色与优势的凝练，缺少针对教育家型乡村教师成长、发展的顶层设计与长远规划，乡村教师成长为教育家型乡村教师的内生动力匮乏。学校对外交流合作的意识不够，对内缺乏加速提升发展的动力，进而导致通过乡村学校这个发展平台，实现培养教师人才的目标特别困难。

其次，乡村学校自身力量和拥有的资源不足，教师长期在乡村工作，在相对闭塞、压力较小的环境中也渐渐失去了发展和提升自我的动力。乡村学校因其所处地域的特定性，导致其生源、教学内容、教学方法、教学环境、教师发展等与城区学校相比均存在较大差异。目前有部分乡村学校一味照搬城市学校发展"套路"，不从学校和老师实际出发，提炼乡村学校办学特色与优势，不打造具有乡村特色的优秀教师人才的成长之路，从而很难激发在岗乡村教师成长为教育家型乡村教师的内生动力。

最后，专业发展动力不够、后劲不足。乡村教师队伍大多沿用传统教育模式，普遍没有明确的专业发展意识，大多数教师的提升、发展意识已经远远落后于当前时代对教育发展的要求。教师在教育实践中积累的经验和开拓创新的成果越来越少。由于对教师职业规范和教师综合素养的客观发展规律及发展价值，没有一个正确的认识，导致很多乡村教师对自身未来职业发展没有明确的规划，从而在相对闭塞、枯燥的乡村教育环境中磨灭了意志，逐渐丧失进取之心。

2. 资源分配不均，政策倾斜不够

首先，受地缘与信息等因素的影响，乡村学校教师实际上并没有成为国家政策与各种教师培训的真正受益者，真正实现乡村教育的均衡发展也还要继续努力。现行的教师培训以国家级"国培计划"、省级教师教育培训为主，培训机会往往被城区学校少数精英教师占有，并没有真正惠及一线的乡村教师，且教师培训没有提供乡村教育所需要的地方专业性知识。同时基层教育主管部门主持的符合地方教师人才发展实际的培训方式、内容和数量还不够。因此，需要从现实乡

村教师培训次数、质量和内容上改进，提升其培养的实效。

其次，资源分配不均主要体现在对乡村教师的专业素养构建和整体培养方面。如以前未能严把乡村教师准入水平，部分乡村教师缺乏学科专业背景和学科培养成长实践基础。其整体专业化水平偏低，教师个体常常以单独个体身份出现，缺少专业学习的同伴，难以相互交流专业性的教育教学问题。另外，专业知识更新机会少，教学资源供给不足。这在我国乡村，尤其是相对偏远的乡村学校更为常在。受地理环境的影响，偏远乡村教师接受继续教育的机会较少，专业知识水平提高长期处于停滞的状态，不具备新时代新课程改革所要求的教师综合素养。长久的经验积累和缺乏交流的机会，使这部分教师的教学思想相对固化，教育教学方法都比较单一。

四、缺乏归属感，职业发展阻力大

从宏观层面上，乡村教师队伍建设面临"下不去、留不住、教不好、难发展"的现状。从微观层面上，乡村教师面临着结婚成家、生活枯燥单一、现代化教学设施设备缺乏、班级多学生少、学生生源质量差、留守儿童多、跨年级和多学科教学等问题存在，这些问题严重阻碍教师人才队伍建设的进程和质量。

1. 物质需求存在差距

经济收入水平和稳定性成了影响乡村教师队伍建设的难点和关键点。乡村教师薪酬待遇普遍较低、与城市差距依然较大、构成不够科学、分配不够合理等。尤其是中西部地区的乡村教师，他们的工资、津补贴等待遇条件虽有所改善，但仍与城区教师存在较大差距；职级晋升比例相对较少，倾斜度不够。

因此，受收入水平等的影响以及还要照顾家庭、孩子，乡村教师没有更多的精力来应对其专业发展和培养。收入、年龄、地缘因素和专业发展等情况，是影响特岗教师留任的关键因素。

2. 情感需求难以实现

乡村教师情感需求和物质需求同样重要。国家和地方相关部门除提供薪酬保障之外，还应该对其职业发展、子女教育、健康等方面，更加以合情、合理、合法地给予照顾关心。特殊的工作地域环境和人文环境使乡村教师人才的培养必须注重情感与物质需求的结合。作为长期扎根于条件艰苦、物质资源匮乏的乡村学校的教师个体或群体，不仅要重点培养其专业素养，还要实现其合理情感需求的满足。这些正是建设乡村教师人才队伍必须具备的软实力，促使教师更为积极地投入乡村教育之中。因此，情感需求与物质满足成为稳定乡村教师队伍的双重重要因素。

但现实中，情感需求与物质满足在教育实践和人才培养过程中也面临诸多困境。如特岗教师的服务期较短，大部分乡村教师还没有了解乡村、融入乡村、服务乡村，没有与乡村发生情感"联结"，就可能流失，因而导致特岗教师流失现象普遍，教育家型乡村教师也难以从优秀的特岗教师中产生，教育家型乡村教师的培育因储备人才的流失而困难重重。

3. 缺乏归属感和职业幸福感

乡村教师工作环境、条件和稳定性等使其难以产生对学校和同事的认可，三个主体的情感支持较弱。很多乡村教师对职业认识存在偏差，更没有兴趣发展职业素养。现在很多乡村学校新招聘的老师都是外地大学毕业生，地方主管部门对乡村教师的生活等关心不足，其在职业关系中缺少交流，难以融入到当地大的教育环境中。在工作中难以体验职业幸福感、成就感，乡村教师的生活质量和福利待遇普遍低于城市教师。如乡村普遍地处偏远，与外界沟通不便，无论是人际交往还是信息沟通都有困难。在职的已婚教师由于长期两地分居，夫妻感情可能会出现问题，子女看顾、老人赡养也都是客观存在的问题，这些导致部分乡村教师更倾向于向家人所在地区流动。

因此，对于上述乡村教师人才队伍建设中存在的这些问题，乡村教师的身份认同、职业发展等需要更多的力量共同支持。乡村教师人才的综合素养中不仅要包含学科知识、教育知识、思想理论知识，还应包括生产生活实践、优秀的传统文化、天文地理等知识。当前乡村教育改革、乡村教师人才培养，还没有找到一条真正可持续发展之路的一个重要原因是，乡村教师对于乡村建设发展的特殊公共价值未能充分挖掘。因此党建领航乡村教师人才培养，推动乡村教师发展的关键是既要打破当前乡村教师在职业、地理、文化、情感、技术等层面的束缚，还要在基层党组织的领导下，重构乡村教师与乡村建设的和谐生态，构建培育乡村教师的社会支持体系，充分发挥乡村教师的公共性职能和社会功能。

第二节　党建领航当代乡村教师人才培养的重要性

学校基层党建工作对教师人才队伍建设、推动地区教育水平和经济社会的发展等都有十分重要的意义。党建工作引领教师人才队伍培养的方向，为教师人才队伍的建设提供思想基础、组织保障，不仅能促进当前农村基础教育教师队伍发展和高素质的教师人才队伍建设，还能巩固基层党组织、壮大了党员队伍，推进基层党建工作规范化、示范化。

在教育强国建设目标的背景下，高质量乡村教师队伍建设是强国战略中不可缺少的关键内容。目前，我国正处于从普及化教育向优质教育发展、从教育大国向教育强国迈进的重要阶段，教师人才队伍建设具有基础性、战略性、先导性的地位和作用。立足新时代，重新规划定位乡村教师人才队伍的培养，培养教育家型乡村教师意义重大。

一、党建领航乡村教师人才培养；确保政治方向

党的思想政治工作尤为重要，是学校各项工作的生命线，也是教师队伍建设的生命线。党的教育方针与党的宗旨保持高度一致，强调全心全意为人民服务、办人民满意的教育。坚持正确的政治方向是党的教育方针的集中体现，也是党建引领教师人才培养的核心要义。

1. 党建引领，坚定乡村教师人才培养的政治方向

坚持党建领航和加强党领导教师人才队伍建设，不仅是人才培养的根本保证，还是我国乡村学校发挥育人作用的关键。在对乡村教师人才的培养过程中，

必须始终坚持以马克思主义为指导，全面贯彻党的教育方针，确保人才培养工作始终与党的路线、方针、政策保持高度一致。无论是在党政机关，还是在教育事业单位，都必须将党的领导放在第一位，保证人才培养的政治方向。学校教职工党支部作为基层学校中的基层党组织，应充分发挥战斗堡垒作用引领人才培养，厚植家国情怀，坚定政治立场。

加强党的领导，通过学校党支部的党建工作、形式多样的宣传活动对广大教师人才队伍进行科学知识与党的理论的宣传教育，可以确保人才培养工作始终沿着正确的方向前进，确保教师人才队伍始终坚定为党和人民的事业服务，确保教师人才培养工作符合国家的战略需求和社会的期望。

通过加强思想政治教育，引导广大教师树立正确的价值观、职业观，坚定理想信念，增强"四个自信"，自觉践行社会主义核心价值观。在教师人才培养过程中，我们不仅要确保其获得专业的科学知识的积累，更要关注他们综合素养的提升。如通过加强体育锻炼、美术教育、艺术教育、心理教育和劳动教育等，培养他们适应乡村教育的综合能力和素质，使其成为能够符合当前乡村振兴战略发展要求的复合型教师人才。

2. 党建引领，强化组织保障

党的领导为人才培养提供了强大的组织保障。中国共产党是有着严密的、科学的组织体系和强大的组织能力的政党，对教师人才队伍建设发展有严谨的机制与具体实施办法，能够从组织的角度协调各方力量，整合各种资源，为人才培养提供有力的支持。通过党建引领，充分发挥党组织的战斗堡垒作用和党员的先锋模范作用，可以激发广大教师的积极性和创造力，推动人才培养工作的高效开展。加强党的建设，不断提升党组织的凝聚力和战斗力，为人才培养提供坚强的政治保证和组织保证。因此，在中国式现代化建设道路上，教师人才要以更高的标准进行自我发展。在新时代背景下，以党建引领新时代乡村教师人才培养，是新时代乡村教育事业发展的重要战略支撑，对培养推动中华民族伟大复兴的时代接班人具有深远的意义。乡村基层党支部积极发挥党建引领作用，有助于党的教育方针政策真正落实、惠及到基层教育单位，有助于培养教师人才的政治素养和道德品质，有助于在教师的言传身教中促进教师自身和学生的全面发展。

二、党建领航乡村教师人才培养：响应国家战略

积极响应战略发展要求，乡村教师人才培养势在必行；以教师人才培养支撑教育强国建设，是推进教育强国之路的应有之义；教育强国建设是全面建成中国式现代化的战略动力。

在教师人才培养中，教师的政治建设始终排在第一位，必须坚持和加强党对教育工作的全面领导。通过党的主题思想教育，提升学校党建、教学和教师培养工作的质量，推动党的建设与教育事业共同发展、深度融合，从而增强党组织的政治功能和组织功能。同时，学校基层党建聚焦抓好教师的思想政治工作，以党建引领塑造适合"大先生"发展的良好生态环境。

以党建引领乡村教师人才发展，是补齐乡村教育缺陷、提升教育服务国家战略效能的重要策略。以党的建设推动乡村教师人才培养，须回归教育本质，以塑造优秀教师为出发点，回归育人原点。乡村教师作为乡村教育立德树人的主体，理应给予重视。因此，当前抓好基层学校党建工作，以党建促进地方教育和教师的发展，培育造就一批符合乡村教育发展的教育家型乡村教师，是推进教育强国战略和乡村振兴战略的有效方式。培育造就师德高尚、业务精湛的优秀乡村教师队伍，有利于提高乡村教师立德树人的能力，助力乡村学生成长。同时，在特有的乡村，除教书育人的核心任务外，部分融入当地生产生活的优秀乡村教师，还可以与当地党群服务中心一起，参与乡村公共事务治理、巩固拓展脱贫攻坚成果、振兴乡村发展，从而能够提升乡村教师服务乡村的主体意识，增强其归属感和幸福感，彰显其作为乡村振兴人才的另一角色担当。

三、党建领航乡村教师人才培养：强化乡村建设

当前面对乡村振兴和强国建设，建设一支高质量、高素养的"下得去、留得住、教得好、发展快"的新时代乡村教师队伍，是乡村教育高质量发展的关键所在。乡村教师人才队伍是教育强国和乡村建设的一支重要力量，他们除了肩负教育教学的重任外，还要担负乡村振兴、共同富裕等责任和助力经济社会发展的社

会公共服务职能及奋斗目标。

1. 肩负乡村精神文明和物质文明建设的使命

当前乡村教师人才队伍，被时代赋予了新的使命和身份，努力促进乡村振兴、城乡一体化发展等战略目标的实现。乡村教师对于整个乡村而言，其身份不仅是乡村教育的组织者、领导者、实施者，还具有家庭教导、邻里帮扶、生产生活指导、文化传导、社会主义核心价值观等文明的传递等功能。优秀乡村教师人才的培养、成长，都需要浸润于丰富的乡村文化与文明成果的实践中，不断地吸收、传承和发扬这些文明成果并内化于心。他们不仅开拓了自身视野格局，而且形塑出以文化人、以文育人的培养路径。同时，也为教育赋能乡村建设奠定了坚实的文化和人才基础。因此，可以通过乡村学校、教师、乡村振兴的联合行动，合力推进乡村教师成长的课程开发，让教师参与村议、政策宣讲、乡村治理等，着力实现教师人才发展、学校发展和乡村建设的统一。

2. 大力推进落实乡村振兴战略赋予乡村学校和乡村教师队伍的公共社会建设职能

这要求乡村教师不仅要做优秀的时代教师，还要成为现代乡村的"新乡贤"，充分发挥"新时代、新乡贤"的示范引领作用。因此，培育优秀乡村教师人才是激发乡土资源活力、赓续乡村优秀传统文化的重要举措，也是助推乡村教育特色发展的动力。优秀乡村教师根植于乡村教育，以乡村学校为依托，是新时代教育教学改革创新的先锋，他们善于利用乡土资源创新设计具有乡土特色、符合乡村学生成长的乡村教育模式，从而不断提炼出契合乡村教育发展的教学理念，在实践中区别于城市教育的发展特色，为乡村教育开辟出特色发展道路，赋能乡村振兴，为中国式现代化建设开拓乡村发展的新篇章。

四、党建领航乡村教师人才培养：激发创新精神

党建领航乡村教育，乡村学校基层党支部党建引领人才培养，是促进乡村教师人才发展和乡村教育改革、创新中的重要一环，发挥着至关重要的作用。

1. 加强基层学校支部建设、筑牢堡垒，创新教师人才培养

加强基层学校党支部建设，丰富教师培养模式，支部建设和教师培养协同推进，激发教师发展的新动能。因此，深入学习贯彻党的教育方针和政策，能够准确把握教育改革的方向、措施和目标，能够为乡村学校的教育教学改革、创新和教师人才发展提供方向引领，从而引导党支部党员教师和普通教师积极投身改革实践，推动乡村学校教育教学管理实践，实现乡村教育模式的创新与发展。同时，党建引领给教师提供了坚实的组织保障，有助于激发教师的改革创新精神。

2. 基层党组织创新形式、主动作为

基层党组织要积极创新组织形式，开展主题教育培训与实践调研，密切结合教师人才发展的目标，搭建校内校外交流协作平台，鼓励教师之间进行经验交流和合作研究，共同推动教育教学改革的深入进行。让教师乐于在党的关怀下主动地发展自己，提高教师的思想政治素质和业务能力，激发他们的创新精神和创造力。党建领航乡村教师人才培养是一个系统而完整的体系，它涵盖了人才培养的各个方面和环节，既在理论上提供强有力的支撑，也在实践中发挥核心指导作用。党建领航，加强学校党的建设工作，强化党的领导是引领中国特色社会主义教育事业不断前进的最大优势。推动农村基础教育教师队伍思想政治建设和学校基层党组织建设，充分发挥党员的模范和党组织的战斗堡垒作用，是促进教育发展、提升教师队伍建设质量的根本政治保证。

教育是民族振兴、社会进步的重要基石，教师人才队伍建设工作对学校的发展、教育质量的提高有重大的意义，中小学校基层党建工作对学校教师队伍建设有着十分重要的作用。随着社会发展，社会对教师发展也提出了新的要求，迫切需要适应时代需求，具有时代特点、时代功能的教师队伍。加强教师人才队伍建设极其重要，培养"又红又专又新"的教师人才队伍，不仅是学校教学工作的目标，也是学校基层党组织建设工作的重要目标。因此，在乡村教师人才队伍培养过程中应充分发挥党建的引领作用和思想、组织优势，从而以学校开展党建和思想政治建设工作为统领，推动乡村教师人才队伍的培养。

第三节　党建领航当代乡村教师人才培养的路径

中共中央、国务院提出了"到 2035 年，教师综合素质、专业化水平和创新能力大幅提升，培养造就数以百万计的骨干教师、数以十万计的卓越教师、数以万计的教育家型教师"的远景目标。这为中长期乡村教师人才队伍的发展明确了目标方向。因此，"培养造就一批引领教育改革发展、辐射带动区域教师素质能力提升的教育家"，对于推动乡村教师的发展有重要的作用。

国家把当前教师人才的培养提到了一个很高的战略地位，乡村教师人才队伍培养自然也是其中不可缺少的一部分。培养乡村教师人才队伍，也需以教育家精神为引领，最终实现教师教育精神的升华，使之成为有理想、有情怀、有智慧、有格局的乡村优秀教师。因此，要创造条件成就乡村教师的教育家品质，使其成长为弘扬教育家精神的乡村教育促进者与引领者。这不仅是在当前教育环境下改革乡村教师队伍建设的积极实践，还是在优秀教师榜样指引下，激发乡村教师主动自我发展、突破自我发展局限、拓展职业发展广度的积极有效行动。

针对农村学校基层党建工作基础薄弱的情况，必须从农村学校党建规范化入手，再向示范化发展，着力提升学校党建工作实效性。只有党的建设工作抓好了，党建领航教育人才发展才会出实效。因此，强化党建工作与学校行政、教学、管理等业务工作相结合，坚决杜绝党建工作和学校业务行政工作"两张皮"现象。当前促进学校教师人才队伍培养，就要创新人才培养模式，针对不同校情、生情，制定切实可行的培养内容。党建领航乡村学校教师人才培养工作，重在落实，只注重形式而忽略党建与教师职业发展的协调并进是不可取的。

一、加强思想信念教育，确保培养方向

加强党对农村基础教育的全面领导，狠抓思想工作，是提升农村学校的党建工作实效、促进教师队伍人才培养的根本保障。在大力推进乡村振兴的背景下，

积极推进教师教育供给侧结构性改革，改革创新乡村教师发展机制。乡村教师人才培养应营造充满人文关怀的乡村教师发展氛围，以大视野、大格局的态度，从乡村学校、乡村社会的政治经济文化出发，开发一条切实可行的培养之路。

1. 夯实思想信仰之基，确保乡村教师人才培养的政治方向

全面强化党对教育系统的领导，各级各类学校党组织要把抓好学校党建工作，将其作为办学治校、育师育人的基本功。党组织书记带头抓、落实责任，以优秀党组织和优秀党员为组织保障和示范引领，从而培养出思想政治坚定、作风优良、素质过硬的乡村教师专业人才队伍。促进教师队伍增强"四个意识"、坚定"四个自信"，坚定不移维护党中央权威和集中统一领导，自觉在政治立场、政治方向、政治原则、政治道路上同党中央保持高度一致。

坚持以党建为统领，加强思想建设，夯实教师培养工作的思想根基，培养出"又红又专"的教师人才队伍，这是乡村教师人才培养的关键。坚持书记带班子、支部领头，牢牢把握教师队伍人才培养工作总方向，加强平台引领、精神引领、鼓励创新、宽容失败，为人才提供必要的平台支撑。紧扣立德树人根本任务，强化党建与学校教育教学及教师发展等中心工作的深度融合，努力打造一支政治思想坚定、听党指挥，为党育人、为国育才，以培养社会主义建设者和接班人为目标任务的高素质、专业化教师队伍。通过"三会一课"、理论研讨党的思想政治理论和教育教学理论成果、实地参观廉政教育基地，学习感悟党的精神和教育家精神，促进党员教师和普通教师的综合发展。

2. 党建领航，确保乡村教师人才培养的"乡土性"

乡村教师培养要把握时代性、尊重教育规律，以提升教师人才的综合素质和可持续发展。乡村教师人才队伍建设，要牢固树立"教育必须为中国式现代化建设服务""办人民满意的教育"的信念，从而培养德能勤绩全面发展的时代优秀教师。在这个过程中，尤其重视厚植乡村教育情怀、拓展多元发展空间，充分凸显乡村教师乡村场域、教育场域的主体地位，提升乡村教师的文化自觉，使其成长为真正的具有教育情怀和乡村情怀的乡村教育家型教师。

首先，党建引领教师人才队伍建设，不仅要提高教师综合业务素养，还要大

力加强乡村教育情怀塑造。在党建引领下，学校组织教师参与"不忘初心、牢记使命"主题教育、党史学习系列活动。学校基层党组织充分利用"三会一课"等教育活动，认真落实党中央、国务院和教育部关于教育的相关论述和教师人才培养的精神。同时，还要重视校本教研，这是促进乡村教师队伍进步与发展的有效途径。在这个过程中，培养教师良好的师德修养与高尚的人文情怀。另外，善于利用乡村天然的优势，广阔的地域环境提供了很好的劳动场所。乡村教师要做到生产劳动和社会实践相结合，从而成为真正具有乡村特质的优秀教师。

其次，乡村教师人才队伍培养，要善于利用本地域优秀的历史文化资源。乡村这个特殊的地域，孕育了丰富的精神财富，教师人才培养需要充分地挖掘和利用这些资源，如本地红色资源、红色文化和校本教材，提升教师师德师风。以遵义市为例，可以参观遵义会议会址、娄山关、习水四渡赤水纪念馆和丙安古镇等，领悟先烈的革命精神以及艰苦奋斗、勇于开拓和谦虚谨慎等精神。基层党组织利用好"三会一课"等活动，学习革命先辈、教育家等乐于为教育事业奉献的精神，使教师争做有理想信念、有道德情操、有扎实学识、有仁爱之心的"四有"好老师，为教师成长指明方向。

同时因势利导，结合教学、科研、参观学习考察及专题学习等形式，激发广大党员教师的先进性和能动性。通过组织的关怀帮助他们解决生活、工作中的困难，及时用组织的温暖融化他们内心的困惑，给予心理上的帮助，帮助他们树立信心，主动学习、成长。

党建领航下的精准培训。一方面，需要建立健全地方区县一级教师继续教育发展中心，形成覆盖全体乡村教师的本地化培训网络体系，切实推行本土化、特色化的教师人才培养方案。如因地制宜、精准打造具有地方特色和满足实际需求的红色党政课程、红色乡土课程、绿色生态课程、蓝色科普课程，以及法治课程、文旅课程等。另一方面，还应当联合各级教育公共服务平台和乡村党群服务中心，充分利用它们的平台，将乡村教师的网络培训延伸至更广的范围，借助数字化、现代化技术手段，在乡村形成"人人皆学、处处能学、时时可学"的良好培训氛围。

3. 党建领航，确保乡村教师人才树立正确的三观

党建领航，不断激发教师成长的内生动力，打造教师成长和育人典范。基层党支部大力引导学校教职工和学生树立正确的世界观、人生观和价值观，在实践中践行目标，增强对社会主义核心价值观的认同感和坚定中国特色社会主义道路的信心。这有助于营造乡村学校浓厚的思想政治教育氛围，塑造学校整体积极向上的进取观念，激发广大教职工积极投身到学校的教育事业中，发挥教书育人的模范作用和增强自我发展的内因，为人才培养提供强大的思想保障和精神动力。

面对乡村学校的艰苦环境，党员教师要发扬不怕苦、敢于奋斗的精神，积极为教育的发展奋斗。以此来激励其他教师继承发扬乡村教师优秀的吃苦耐劳和创新创造精神，引导他们树立敢于担当、乐观向上、刚健有为、自强不息的人生态度。通过强领导、铸思想来促进学校教师热爱乡村教育、增强归属感。同时教师也严格要求自己，不断提升自己的思想素质和业务素养；愿意扎根乡村教书育人、淡泊名利坚守最基层的教育领域，为办好人民满意的教育和乡村振兴作出积极贡献。针对高校定向培养的"全科教师""定向师范生""公费师范生""优师计划生"等专项乡村教师人才，用人单位和当地教育主管部门的党组织在入职前、入职后都要积极关心，引导年轻教师积极向党组织靠拢，充分利用党组织的作用，吸收他们加入中国共产党。他们将成为未来乡村教师队伍建设和乡村教育提质升档的核心要素，在党的带领下发展自我和增强乡村教育力量。

二、聚焦清廉建设，优化培养环境

当前要以党风建设强化教师廉洁从教的教风、师风建设。党组织和教师党员要充分发挥战斗堡垒作用和先锋模范作用，在乡村教师人才培养过程中，提高校风、教风和学风建设的质量，积极营造风清气正的育人氛围。

1. 强化党风建设，引领教师人才队伍建设

乡村学校教师人才队伍清廉建设，也是教师人才队伍培养的重要内容；以党风建设带动学校校风、教风、学风和干部教师作风等的营造，引导中小学校领导

和教师重视学校育人风气营造，以此提升学校办学质量和增强教师人才培养的丰富内涵。如可以根据当地教育主管部门和纪检部门党组织的统一部署，分别在学期开始和结束的时候，开展清廉学校建设的启动和验收行动。再如，地方教育主管部门制定中小学校党建和清廉学校建设实施及考核制度。同时，还可以加强警示教育，全覆盖开展加强纪律教育、建设清廉学校、参观廉政教育基地等系列活动，引导领导干部、教师自觉守牢廉洁底线。另外，学校结合实际情况对照落实，并开展联合调研督导，切实推动乡村中小学校深入落实主体责任，以党风、政风、师风推进教师人才队伍成长。

2. 强化校风建设，塑造优良教风

强化基层乡村学校的党组织政治功能，抓好、抓实教师政治素质和师德师风的考评工作，将思想政治教育和师德师风建设作为全区中小学校教师"国培计划"和"区培计划"必修内容。认真贯彻落实师德师风第一标准，在教师成长和管理各环节发挥政治和师德双把关作用。学校基层党组织，以内控管理为突破口，夯实学校管理之风，聚焦重点领域工程建设，不断健全廉政风险防控制度体系。同时，开展提升师生满意度活动，把师生满意度作为学校校风建设工作的出发点和落脚点。以此，促进学校内部教师自身素养的提升。

在日常工作中，严格落实相关部门的从业禁止制度和教职员工准入查询制度，对师德师风的违规零容忍，对于查处的师德违规问题严肃处置。教育主管部门要深入开展地方优秀教师宣传活动，不断发挥好典型示范引领作用。可以组织开展以"扎根乡村，强教有我""弘扬教育家精神"等为主题的名师、名校长论坛和师德师风演讲等系列活动，表彰先进个人和集体员工，充分营造崇清尚廉、见贤思齐和积极进取的学校教育氛围和教师成长的环境。

3. 强化学风提质，利用文化沁润增强教师发展的内驱力

乡村教师人才培养，不能脱离自己的本职工作，在发展自身的同时，学生的学风、学习成效也是检验教师人才培养成效的重要指标。构建乡村学校学习文化体系，以文化浸润教师。以当地特有的乡村文化为基础，构建以"文化沁润教师发展"为核心的学习型组织，将优秀传统文化与所在地区的优秀地域文化相结

合，打造乡村学校文化学习特色品牌活动，为教师发展培育寻找切实可行的文化切入点。如邀请文化专家现场宣讲，到当地具有教育意义的历史遗迹参观，邀请所在地区的传统手艺人、非遗传承人等到学校讲学。

学校支部要积极推进"双减"工作走深走实，主张向课堂要质量，向教师教学要效率，抓好学校课后服务，优化课后服务信息化管理。在学校广泛利用党课、团课、班队课等开展清廉宣讲、清廉征文、清廉诵读、讲好廉洁家风故事等活动，因材施教培养教师清廉品质的同时，也促进学生学风的良性发展。还可以采用校—校结对、师—校结对、师—师结对、师—生结对、生—生结对等方式，促进教师和学生学风的优化。

同时，还可以充分发挥廉洁文化化人的作用，因校制宜创设、培育"一校一品"的文化特色品牌。另外，厚植乡土情怀，建立基于教师素养提升的培训内容体系。如针对不同学科类别、不同发展阶段、不同需求与不同专业的教师，提供基础型、提高型、卓越型等不同层级的培训内容，充分发挥教师自主选择权，灵活多样地搭配培训内容，提高培训的实效性和目标性，真正激发乡村教师主动提升自我的内在动力。

三、强化组织建设，促进教师成长

基层乡村学校党支部推进学习型党组织建设，高效发挥党支部的组织功能。基层党组织是党的肌体的"神经末梢"，是教师发展最值得依赖的主体。把基层乡村学校党组织的建设落实在学校实际工作中，这是中小学校党建工作的关键，从而强化党建工作与学校中心工作的结合度，由点到面逐步提升乡村学校基层党组织的引领功能。

1. 抓党员队伍建设，充分发挥党员的先锋模范作用，引领教师成长

乡村基层学校党支部要引领广大教师明确为谁培养人、培养什么人和怎么培养人这三个问题。从而以这一根本问题为突破口努力培养一支敢于创新、勇于实干和敢于担当的党员教师队伍，带动学校青年教师敢挑重担、敢打硬仗，走在自我革新和教学改革的前列。抓队伍建设，不只是抓党员队伍，而是要着力于全体

教师。如支部推进"双向建设"的教师成长计划，把党员教师培养成学校教学骨干，也要把学校教学骨干、学科带头人培养成党员，同时还要培养一批支部书记、校长的后备青年干部。积极构建学校党员干部队伍和教学骨干队伍的梯队型成长模式。在支部建设过程中，要优先选拔党性观念强、学科专业素养高的党员教师，加入基层党支部干部队伍，实行学校党务干部间的交流轮岗工作制。尤其要注重推进党务干部与行政、教学业务干部之间的交流，在交流中相互促进。

2. 抓支部制度建设，明确建设目标

学校基层党支部要着力健全中小学校党建工作的制度体系，用制度促进教师人才队伍的有序合理发展。如中小学校基层党建工作考核参考指标体系、中小学校党支部规范化建设指标和中小学党支部教师人才培养制度等。从而进一步明晰乡村中小学校党建工作实践路径，提高中小学校党建工作规范化和特色化开展，从组织建设视域推进教师人才队伍建设。基层学校支部深入实施"党建+"的引领工程，推动乡村各学校基层党支部积极创建"一校一品、一支部一特色"的党建品牌，遴选"名师党支部书记工作室""名师党员工作室"等。把党建工作与业务深度融合在学校发展的实践中，提升基层党组织在引领教师人才培养过程中的政治功能和组织功能。

在党建领航教师人才队伍培养过程中，提高党课教育的质量和实效，有针对地开展党建活动是教师人才培养必不可少的一个环节。广大教师可以加深对党的事业的理解，增强党性修养，坚定教书育人的理想信念。同时，党课教育也是培养合格党员的重要途径，通过对系统理论思想的研学，进一步掌握党的基本理论、基本路线和基本方略，这也是教师人才培养的重要内容之一。基层学校党支部可以根据学校的校情特点和需求，采取灵活多样的学习方式，如专门讲座、案例分析、实地参观等，制订科学合理的党课教学计划，明确教学目标、教学内容和教学方法。

3. 加强党组织建设，把支部建在学校育人的前沿阵地

"把支部建在连队"这一号召同样适合基层学校党建工作。把支部建在教学一线的备课组、年级组，以党组织引领备课组、年级组的教学科研和管理工作，

充分发挥党员教师的先锋模范作用和党支部的战斗堡垒作用。通过支部活动，加强党员教师的先锋意识、成才意识，提高思想素质，强化师德师风建设，增强凝聚力。

党支部的战斗力发挥，有利于凝聚广大教师的力量、智慧，以创建学习型党组织，不断提高党员的综合素质，与广大普通教师共同成长。加强党的建设既是时代发展的需要，也是培养农村复合型创新人才的需要。让党建工作与学校教师人才培养、教学科研等行政工作有机融合，以支部党建活动促进备课组教学活动、年级组管理工作的开展。通过支部营造尊重知识、尊重人才、鼓励创新的良好人才氛围，从而积极有效地推进学校的教学、科研、管理等一系列工作的有序开展，让广大教师和党员干部在这一过程中充分成长，感受党组织的温暖和无穷力量，打造敢于担当、积极作为的教师队伍，提高学校教师人才队伍综合素质。

四、强化队伍建设，促进教师成长

乡村学校教师队伍建设的焦点是编制问题，这是困扰乡村教师发展的关键因素之一。从学校实际出发配备学科教师，促进教师队伍发展，建设优秀教师群体，首先得具备一定的教师人员储备。

1. 坚持党建带群建，打造乡村教师人才培养的人力基础

乡村学校的地域特殊性决定了其生源数量和质量有限。当前乡村学校随着生源减少，教师的总数量也减少，但学科教师却又不足，出现一个老师多学科教学、交叉学科教学的现象。因此。学校党支部要从实际出发增加乡村教师队伍的数量，为培育优秀教师人才和打造教育家型教师提供坚实的人力基础。

负责乡村教育的主管部门，可以推进"省优计划、市优计划"等，针对性地遴选一批优秀人才从教。结合本地"双一流"高校和普通本科师范院校学生实际情况，分批次、分步骤推进优秀乡村教师定向培养的数量，实施校地合作培养计划。也可以遴选一批专业素质能力强、愿意与乐于从教的优秀本科生、研究生作为优秀乡村教师的培育对象。同时，在新教师入职后要大力完善乡村教师专项补充机制和交流轮岗制度。学校党支部对入职的"特岗教师""三支一扶"

"强师计划"等要加强监管、考核，制定相应的辅助政策，加强对优秀乡村教师的精神和物质激励。特别做好在高层次人才、优秀青年教师、少先队辅导员等教师中发展党员的工作，落实好"三会一课"等党的组织制度，把教师人才紧密团结在党的周围。

2. 坚持组织把关，引进乡村教师人才

党建领航助推乡村教师人才队伍建设的实施，针对乡村教师人才引进、培养和留守，也要建立长效机制，助力乡村教育高质量发展。推动人才选拔培养与专业建设、教学研究相结合，逐步形成和建立乡村教育学科拔尖创新人才选拔和培养的有效机制，吸引更多有能力、有潜力、有情怀、有目标的优秀教师加入党员队伍。这有助于解决乡村教师人才短缺问题和提高教师人才队伍建设的实效性。学校党组织也要积极搭建教育家型乡村教师的成长平台，强化制度保障，努力构建教育家型乡村教师成长的优良生态环境。以此，让每个乡村教师都能在乡村学校这个平台，实现自我价值的实现。

首先，农村学校引进高水平人才，是队伍建设重要条件。党组织在人才引进时要把好思想关、能力关，大力引进有理想信念、有道德情操、有扎实学识、有仁爱之心，能做学生锤炼品格、学习知识、创新思维、奉献祖国引路人的优秀教师人才。引进人才时坚决杜绝唯学历、唯论文、唯头衔的论调，要结合学校教师人才队伍现状和学校的实际情况，突出实用性。

其次，引进和培养要突出政治素质和思想水平。尤其是引进的高层次科研和管理人才队伍，更应该加强党的领导，促使其积极追求政治进步，向党组织靠拢，以强大的组织为其成才作坚强的后盾和保障。教师队伍的高层次人才应该积极参加党组织生活，提升政治理论素养，成为有大德大爱、大情怀的综合性实用人才。此外，做好人才选拔工作，学校基层党组织应该建立完善的人才选拔、培养、管理、奖惩等机制，与时俱进，构建适合地方发展的人才培养模式，从而推动地区教育水平的提高，促进经济社会发展。

3. 激励教师发展的自主意识，增强其发展的主观能动性

任何一件事的发展变化，内部原因是根本原因。因此针对乡村学校实际情

况，学校、教育主管部门要将教师人才培养重点放在熟悉校情的本校教师身上，给予这些教师学习成长的机会，充分挖掘有潜力的本土教师，提升综合素质，进一步增强其积极性和主人翁意识、职业认同感。

首先，乡村教师要善于剖析自己、精准定位。通过与其他优秀教师的比较与分析，客观评价定位自己的专业素养、实践能力和自我形象等，以及未来发展中存在的问题，抓好一切能够发展的契机，提升自身的思想意识和综合能力。从而在实践活动中去感受超越自我、发展自我后的优越感和喜悦，督促自己得到更全面的进步。党建工作是重要一环，要发展党员，努力壮大党组织，不断吸收思想、业务素质好的教师积极加入党组织，永葆党员先进性、纯洁性。牢固树立把优秀教师发展成为党员，是党员就一定是优秀教师的理念。教师要在坚定理想信念上下功夫、在厚植爱国主义情怀上下功夫、在加强品德修养上下功夫、在增长知识见识上下功夫、在培养奋斗精神上下功夫、在增强综合素质上下功夫，逐渐完善自我。

其次，激发年轻教师追求进步的原动力。针对刚毕业的年轻教师，其思想、业务水平培养极其重要，党组织要重点解决该类老师思想积极性、先进性的问题，使其向党组织靠拢。还要善于挖掘发现有潜力的年轻教师，他们一般个性鲜明，这部分教师常常富有激情、思维灵活、深受学生喜欢，对于这部分教师应该充分发挥基层党组织的作用。教师人才要敢于承重担，在实践教学中争取有科研成果，在实践中体现党员的先锋模范作用。利用党建工作带动人才培养，在日常培训中，将党建工作与学习培训相结合，积极开展"两学一做、三会一课"等活动，充分利用目前开展的"不忘初心、牢记使命"主题教育活动，使教师积极学习习近平新时代中国特色社会主义思想，深化思想，提升综合素养。

最后，乡村教师善于利用现代媒介，实现自我发展。第一，需要提升乡村教师队伍的数字化素养。积极建设乡村"教育信息高速公路"，实施"数字教师走网"工程。因此，要建设并完善乡村"教育信息高速公路"，实现乡村校园百兆网络村村畅通，以现代信息技术真正辅助乡村教育教学。第二，还可以由专门师范院校牵头组织构建大中小学"优秀数字化教师"成长平台，利用平台发挥信息化协同育人机制，围绕新时代培养学生德智体美劳"五育"并举新要求和新时代培养高素质、高质量教师人才的标准，实现乡村教师人才培养乡村学生的数字化课程全覆盖，育生和育己齐头并进、相得益彰。

4. 充分发挥党组织的战斗堡垒作用，保持乡村学校教师人才队伍稳定

坚持教师人才培养走可持续发展之路，是教师人才队伍建设的关键。农村基础教育学校党组织要抓住全面深化新时代教师队伍建设改革的机遇，深化人事制度改革，激励优者从教，落实教者从优，关爱教师成长，提高教师待遇，维护教师权益，让广大教师有更多的获得感、荣誉感、幸福感。同时，要深化教育体制改革，健全立德树人落实机制，扭转不科学的教育评价导向，从根本上解决教育评价"指挥棒"问题。还要着力改善办学条件，提高教师待遇。

乡村教师人才的培养不易，尤其是基层学校，培养出一批名师、骨干教师、名校长等并不容易。人才培养是一个长期的过程，应该注重培养的稳定性、持续性，不断加强人才队伍梯队建设，使人才队伍老中青比例得到优化。保持学校人才队伍培养机制的规律性、培养成果的稳定性对促进教育质量的提高意义重大，需要基层党组织充分发挥战斗堡垒作用，做好组织保障、制度保障，切实维护教师权益。各级党组织要利用积极有效的活动，在党建工作中增强教师的职业认同感和归属感、优越感，减少人才流失，促进学校教学科研的稳定发展。

在实际工作中基层党组织要重视校园文化建设，重视学校精神文明建设。认真编撰符合学校实际的校本教材，把学校发展的历史融入到党建活动、师德师风建设活动中，加强学校软实力建设，增强学校的竞争力和影响力。同时，还充分利用党建工作中的支部活动，在党员之间、党员干部与普通党员之间、党员干部与其他群众之间建立相互信任、和谐共处的良好关系、融洽氛围。另外，积极推动学校之间的交流，参加各种比赛活动，增强集体荣誉感，增强教师的归属感、获得感、幸福感，保证人才队伍的稳定性、持续性。

五、强化典范塑造，促进教师成长

大力加强党的建设，推进塑造榜样典范，以点带面，以激发教师个体原动力，助力乡村教师发展。通过优秀党员、优秀教师的模范带头作用，充分发挥榜

样力量，树立高尚师德师风，提升教学科研水平，促进学研深度融合，从而学校内部主动发力，推进学校教师人才队伍建设。乡村学校各党支部委员会和学校行政班子要定期召开座谈会，组织实施学校教师培养发展的专项活动，听取骨干教师、普通教师等的成长汇报，和他们交心谈心，全面了解青年教师发展情况，有效地促进教师师德风、业务知识水平等的提升。

1. 基层学校党支部可以积极搭建教师教、学、研合作平台，引导教师参与各类实践、社会服务等项目

首先，在学校支部层面，加强与地方各级政府部门、企业等的交流与合作。通过多样化的形式拓宽教师的视野，增强他们的实践能力和创新精神，推动教师人才的综合素养提升，使之成长为更符合乡村教育要求的优秀教师。乡村教师人才的培养，还要充分利用乡镇村社的党群服务中心，交流合作、共享资源，加强地方政府基层党组织与学校的联系。

其次，活动形式灵活丰富。在组织活动形式上，考虑到党员人数和教师人数不多，形式可以灵活多样。乡村学校基层党支部不仅可以开展以学校支部为主体的学校党支部之间的交流学习活动，还可以开展乡镇之间党支部、党委的交流学习活动。充分利用学校党支部这个基层党组织的党建功能，鼓励党员教职工积极参与学校课程体系建设、教学改革和学校管理等，发挥他们的先锋模范作用。

最后，党支部要鼓励党员教师和普通教师开展教学科研活动，树立教、学、研融合发展的培育模式。党员教师不仅要善于在实践中总结教学和成长学习的经验，更要将这些经验通过课题研究成果的方式呈现出来，以此丰富教学内容，提高教学水平，并转化为指导学校教师成长的优秀资源和案例示范。因此，在一定区域内开展教学研讨、科研合作等项目，促进教学经验的交流和共享科研实践成果，有助于提升教师的教学水平和科研能力等，以高质量的教学和科研成果引领教师人才培养。

2. 基层学校党组织作为教师发展的坚强后盾，要充分发挥战斗堡垒作用

党组织着力解决教师的后顾之忧，满足其合理的物质和精神需求，使其安心从教、积极发展丰富自己能力，为乡村教育作出更大的贡献。

首先，地方教育部门和学校党支部、总支和党委，要进一步完善乡村教师的荣誉表彰制度，赋予乡村教师成长为优秀教师、教育家型乡村教师的动力。遵循乡村学校的特点，基于其地域偏远程度、教学环境、师资配备和生源等实际情况，利用每年教师节等重大活动，定期评选、表彰长期扎根乡村、忠于乡村教育事业，并为乡村教育作出贡献的优秀教师，向他们授予荣誉称号、颁发荣誉证书并给予物质奖励。从而让这部分老师获得内心精神上的富有和相应物质上的满足，促使其追求更高层次的发展，即在党建领航指引下，以教育家精神引领乡村教育发展，实现优秀乡村教师自身发展与乡村教育振兴的和谐并进。

其次，各地方教育主管部门，积极为乡村教师发展提供政策支持。拓宽乡村教师职业发展的渠道，为乡村教师人才开辟更广泛的发展空间，为教师实现自我需求、自我发展提供更加丰富的载体。同时，通过提高乡村教师的待遇和社会地位，激发其内驱力。

3. 党建领航，助推乡村教育家精神的传播

乡村教师人才培养，也要呈现梯度式发展，普通教师发展为优秀教师，优秀教师再发展为教育家型乡村优秀教师。用教育家精神促进学校教师人才的培养，乡村教育家型优秀教师既符合乡村学校教育发展的需求，更符合乡村振兴战略发展的时代要求。

首先，培养教育家型乡村教师，就要塑造教育家型乡村教师的典范，增强教师自我发展的意识。自我发展意识是乡村教师从优秀教师升华为教育家型乡村教师，必须具备的职业发展的内在精神动力和实现自身综合素养提升的前提及基础，从而进一步深化乡村教师对自身职业发展的责任感、使命感和时代感。广大乡村教师，只有对自我职业素养发展持续保持一种责任感和终身学习发展的态度，才可能实现从优秀乡村教师人才到教育家型乡村教师的蜕变。

其次，成长为乡村教育家型教师，除了专业发展和坚定职业态度外，更需要领悟教育家精神的内涵。如通过观看全国优秀教师"教育家精神"巡回宣讲活动，领略教育家先进事迹，这是乡村教师实现向教育家型乡村教师发展的路径之一。同时，还可以充分利用国家和教育部门开发的网络教学平台和精品课程资

源，结合地域数字化平台的资源，为乡村教师成长提供智慧支持，实现技术赋能乡村教师职业发展和综合能力提升。研讨全国优秀教育家型教师的成长路径，发现他们在自身专业发展、教书育人实践和教学研究等方面的能力，以此促进乡村教师综合发展。

4. 党员教师敢于担当，充分发挥党员教师先锋模范作用

党员教师、优秀教师与普通教师的一对一帮扶，对于农村基础教育教师人才队伍建设有着重要意义。一个地区基础教育领域的党员专家、教授不仅要在科研中有成果，更要勇于担当，在教学一线应对挑战，为学校人才队伍培养做示范引领。学校的人才引进不应该只关注学历和高层次研究型人才，更应该关注的是适合地区教育水平的实用型教学人才。

在学校实际工作中，作用最大的是一线教师，尤其是具有高质量教学水平和管理水平的班主任及科任老师，他们是推动地区教育发展的主导力量。这部分力量更能发挥党员的先锋模范作用，因此应该作为教师人才队伍建设的重点。在人才培养、人才引进过程中不能盲目地追求高学历。在很多地区，教学一线的教学能手都是本科甚至专科的师范类毕业生，他们拥有扎实的教师技能和实践能力。

从长远来看，弥补乡村教师短板，在于建设符合实际的、科学的教师教育供给制度。如构建稳定的定向培养制度。同时，促进农村小规模学校教师队伍建设，要挖掘促进学校教师成长的内在驱动力，要改变依附型、城市化、标准化发展的思路和做法，基于赋权和赋能的理念，结合乡村教育实际走乡村教师人才队伍建设的特色之路。教育是国之大计、党之大计，也是民族振兴、社会进步的重要基石。教师是人类灵魂的工程师，是人类文明的传承者。一个人遇到好老师是人生的幸运，一个学校拥有好老师是学校的光荣，一个民族源源不断涌现出一批又一批好老师则是民族的希望。

因此，党建领航当代教师人才培养，依托学校党建工作促进教师人才队伍建设，事关中华民族伟大复兴。要坚持充分发挥党组织的战斗堡垒作用和党员的先锋模范作用，确保教师人才队伍建设的方向和成效。培养优秀的教师人才队伍促进党建工作的发展，壮大基层党组织的力量，提升广大党员干部的综合

素质。建立优化的乡村教师人才队伍培养机制，真正做到教师人才队伍建设有方向、有保障、有措施、有成效，基层党建工作更有实效、基层党组织和党员队伍两个作用发挥更明显，如此才是真正意义上的党建领航乡村学校教师人才队伍培养，才会培养出既具有精湛专业技能又具有高尚家国情怀的高素质教师人才。

第五章　当代中小学班主任教师
人才培养

基础教育阶段班主任教师这一特殊角色，是落实立德树人根本任务、办好人民满意的教育、促进人的全面发展、加快推进教育强国和实现中华民族复兴的重要力量。加强中小学班主任教师人才培养，也是当前时代发展、教育实践提出的新任务和新要求。因此，建立一支德才兼备、勇于担当的优秀的班主任教师人才队伍，才能培养出德智体美劳全面发展的社会主义建设者和接班人。中小学班主任教师作为基础教育阶段班级教学管理的组织者、协调者、领导者和教育者，只有在教学和管理实践中踔厉奋发，不断提高自身的综合素质，牢记为党育人、为国育才的初心使命，大力践行弘扬教育家精神，忠于教育事业，强化自身专业素养和开放视野、增强智慧，才能做到以理性影响理性，以信仰影响信仰，以道德影响道德，从而促进自我和学生积极、健康、全面的发展。

第一节　当代中小学班主任教师人才培养的意义

中共中央、国务院印发的《中国教育现代化2035》提出建设高素质专业化创新型教师队伍。中小学教育阶段班主任教师的培养，更加注重以德为先、全面发展、面向人人、因材施教，更加注重知行合一等理念。当前尤其要加强班主任教师的师德师风建设，打造教师的专业发展体系，提高教师专业素养。当代加强班主任教师人才培养，大力加强师德师风建设，对于班主任教师有深刻的意义。同时，还要将教育家精神贯穿于整个培养过程，促进班级管理技能培训和学科专业培训的有机结合，培养出符合时代教育发展特色的新型班主任教师人才队伍。

一、班主任教师的角色地位

班主任教师是中小学学生教育过程中承担思想政治教育任务的重要角色，具体表现如下：

（1）班主任教师岗位，需要具有较高综合素质和高尚人格的人来担任。这表明班主任工作不是每一个教师都能胜任的，而是一项不可替代的专业性职业，也意味着班主任除了应具备一般教师的基本品质外，在专业知识、专业技能和专业道德等方面还有更高的要求。如何提高班主任教师人才培养与"六要"的目标达成度，以适应新时代社会和教育发展的需求，是当前教师人才培养面临的重大挑战。这个要求不仅体现了思政课教师成长的规律，更反映了当代中小学教育"需要什么样的班主任思政课教师"的客观问题。

（2）班主任是中小学日常思想道德教育和学生管理工作的主要实施者，是中小学生健康成长的引领者和开启人生的启蒙导师。首先，班主任是学生"教育"职责的首要承担者。其一方面兼负教学的职能，另一方面还承担教育的责任，主要是传授科学知识、技能和培养学生健全的人格和价值观等。其次，班主任是开展班级"集体教育"的主要实践者。在班级这个"小型社会"中，班集体也就类似于一种家庭的关系，优秀的班主任教师能给学生带来如父母般的爱。在这样一个集体中，班主任因其独特的身份、工作职责、工作时间和工作内容，成为推进班集体教育的的最主要角色。最后，班主任是学校落实立德树人根本任务的最直接的负责人。班主任通过集体教学的方式，在学生集体中开展爱国主义、集体主义和社会主义等教育，培养学生养成正确思想政治意识，这是落实立德树人根本任务的重要途径。

二、班主任教师人才培养的理论意义

从理论层面来看，到目前为止，国内关于班主任教师人才能力培养的理论研究相对较多，整体上也相对普遍。优秀的班主任教师对学生学习能力和综合素养的培养，具有重要作用。将班主任自身能力建构与学生学习能力的全面发展联系统一起来，有助于探究当代的育人理论和育人质量。

研究班主任人才专业素养的培养策略，将有助于相关专业理论的发展。高等师范院校的师范专业，从学科教师专业素养和班主任专业素养的角度，开设创新型教育学理论和教育管理等课程。这有助于教育经验和学生管理理论的提炼与总结，在班主任继续教育中不断推进教育理论时代化和社会化。

在新的历史时期，社会对人才提出更高的要求，这就需要我们进一步拓展班主任培养的视野。基于这些原因，本章对当前班主任的能力发展存在的问题进行分析，阐述一些可行性策略，为班主任的自我建设理论、班级管理理论和培养时代需要的教师人才，提供一些观点和方法。

班主任作为班级管理的主体力量，对学生学习能力的可持续发展具有重要作用。但目前相关理论研究还有许多待完善的地方，应对策略大多处于经验总结阶段，缺乏系统性。因此，从管理学出发，结合教育学、心理学、认知科学等相关基础理论和最新研究成果，进一步在教育实践中梳理有关理论，形成独具特色的班主任管理理论、班主任教师人才的培养理论至关重要。

三、班主任教师人才培养的实践依据

《中国教育现代化2035》指出，"大力加强师德师风建设……将师德师风作为评价教师素质的第一标准……推动师德建设长效化、制度化"。这为当前中小学班主任教师人才培养指明了方向，提供了依据和有力的制度保障。

促进班主任管理能力提高的需要。班主任专业化的培养不仅需要教育学、心理学、现代认知科学以及有关中学生发展的各类专门知识，还需要一定的管理学、运筹学以及熟练的互动策略和技能技巧。然而现实中，班主任管理和培养学生的策略手段受传统教育方式影响非常单一。因此，怎样如何提高班主任的管理能力是一个关键问题。另外，根据当前学校班级管理中普遍存在的问题，力求实际地提出了一些可行性策略，这对于班主任的班级管理实践有一定的参考价值。

改善班级管理现状，提高学生学习能力发展的需要。在当前教育背景下，基础教育阶段班主任的综合能力提升，不但对促进自身综合能力的持续发展具有重要的意义，还对促进学生的全面发展和社会的进步有重要意义。班主任人才培养的关键是更新教育培养的观念，核心是改革人才培养体制，以提高人才培养水平。班主任教师在实践中要树立全面发展观念，面向全体学生，尊重个人选择，鼓励个性发展，努力造就德智体美全面发展、符合社会需要的高素质复合型人才。因此，立足班主任教师的工作实际，加快提高其综合能力素养的培养有客观的现实依据。随着时代的发展，社会对教育的要求越来越高，班主任的水平高低对促进学生个体和班级的持续发展，构建和谐、健康的班级氛围意义重大。

加强对基础教育班主任教师人才的培养，有利于提升班主任教师终身教育发展水平。班主任学习能力的可持续发展与学生的发展密不可分，既可以满足学生现在成长的需要，还能够为未来发展提供强劲的动力，它是全面发展、终身发展及和谐发展的基础。因此，要改变重知识、轻能力的缺点，促进培养的系统性和全面性，从而科学确定班主任教师能力持续发展的方向，不仅要重视专业素养，还要重视个性特长等的建构，全方位科学合理地打造促进班主任发展的实践策略。

第二节　当代中小学班主任教师人才培养的内容

当前加强班主任教师人才专业化的培养，是以教师专业化衡量标准为基础，用专业的思想和标准对班主任教师进行确定、培养、发展和使用管理等的过程。通过这一过程使他们逐步掌握学生德育工作与班主任工作的理论知识，形成班集体建设与管理方面的经验和总结，以全面高效地履行班主任工作职责。因此，对班主任的培养实际就是在实践中不断深化和提高班主任的专业化水平，即使班主任在教育教学中能运用先进的专业化思想、专业化知识和专业化管理技巧，开展教育教学工作。

一、与时俱进，班主任应有远大的视野

中小学班主任应坚决拥护贯彻党的教育工作根本方针，要以树立共产主义远大理想和实现中华民族伟大复兴的中国梦为旗帜，从而成为拥护中国共产党领导和我国社会主义制度，立志为中国特色社会主义事业而奋斗终身的班主任教师人才。班主任要坚持"四个自信"，有好的教育理念，真正实现德才兼备，推动学生的全面发展。班主任要拥有开放的思维，敢于打破常规，不拘于学校的学习模式，无论在学习还是在生活中，都要有这样的精神，以此实现学生和自我的可持续发展。

1. 班主任塑造符合时代发展的教育理念

在具体教学管理工作中要做到自己的思想能跟上时代的步伐，与时俱进，不仅要关注学生的学习成绩，又要淡化以成绩论英雄的思想；不但要关注学生在校学习阶段的成长，也要能影响学生毕业后的工作、生活。从而，更应该注重学生在学习过程中养成好的思想品德和综合能力等。

2. 班主任要有超前的思维

班主任拥有好的教育、管理理念，具体而言就是思想要能跟上时代的发展，以实现学生的全面和持续发展。班主任不仅要关注学生中小学阶段学习成长，更重要的是要以中小学阶段教育去影响学生以后大学乃至毕业后工作的思想行为、为人处事的方法，培养其可持续发展的能力。班主任要培养切实可行的创新精神。

3. 班主任要具备全方位的评价方式、方法

主要体现在班级管理时，一定要抛弃唯成绩论而忽略学生德育建设的做法，更应该看重的是学生在学习文化知识的过程中，经受历练而造就的优秀品质。班

主任培养的学生不都是精英，而更多的是普通百姓。不能只局限于每个阶段的升学考试的要求，要更关注学生以后的成长，杜绝唯分数、唯升学论，应创设综合评价机制。比如，很多高三班主任在把学生送上考场后就不管了，只关注高考成绩，坐等庆功宴；而一个有着前瞻性、大格局和大情怀的班主任的工作绝不会局限于此，他还会关注学生毕业后的可持续发展。部分学生认为考上了大学就成功了，到大学后没有了约束，变得异常放任，失去自我。这时班主任一定要把高中的管理加以延续，利用班级群、班级同学会进行教育。尤其是在大三的时候，可给予学生就业或继续深造方面的建议，让学生在班主任的指引下养成良好的终身学习的习惯。总之，班主任的教育理念要有持续性、时代性、科学性、时效性。

二、多元发展，班主任应是复合型人才

随着时代进步，当前基础教育对班主任的综合素养提出了更高的要求，班主任素质的高低直接决定了班级建设的水平，也影响学生的全面发展。班主任不仅应具有多元化知识，如学科知识、管理知识，更要拥有良好的综合素质，如具备体育、音乐、美术等实践活动能力和情感交流能力等，这样才能培养出有大爱、大德、大情怀的社会主义建设者、接班人。班主任素质的高低直接决定了班级建设的水平，对培养学生的学习能力至关重要。在班集体中，班主任处于核心地位，要有权威性，这种权威核心地位不是用嘴说来的，而是班主任通过身体力行，让学生亲身感受到班主任的魅力，从而发自内心地佩服并遵从其教导。

在中小学阶段，班主任不仅要具备丰富的专业知识和实践能力，还要具有敏锐的视野和广阔的洞察力，才能把握中小学生在新时代的发展特点及当前教育规律。比如，预判洞察学生思想情感方面的变化、社会热点、学科发展变化、社会要求学生应具备什么样的综合能力等。再如，班主任热爱运动和文艺等活动，有运动和表演的能力，有欣赏体育比赛的爱好，对一些集体活动项目能有自己的客观评价和指导，这会对自己所带的班级产生重大影响。同时，能够找到与学生的共同语言，远远胜过枯燥的说教，这能够塑造班级的精神风貌，更是学生健康生活的宝贵财富。这就要求班主任善于根据学生特点发展自己兴趣爱好，善于学习提升自己的能力素养，走出学校的小环境，到外面去取经、学习，不断充实自

己，提升时代需要的综合素养，才能做到因材施教、因时治学。

三、敢于亮剑，班主任应有激情和开拓精神

当前班主任富有开拓精神，是时代发展的要求。中小学班主任应树立高远志向，具有敢于担当、不懈奋斗的精神，以及勇于奋斗的精神状态、乐观向上的人生态度，做到刚健有为、自强不息。用"亮剑精神"指引所管理班级的建设发展，敢为人先、不为人后，敢于打破常规。有时候在工作中还要有种"匪气"，该亮剑的时候一定要敢于亮剑，敢于决断，做一个有为的班级将领，从而带出一群敢作敢为的学生。

1. 班主任要富有激情

这种激情可以理解为是一种敢于求真悟道的活力、一种永不言败的精神、一种敢于在学生面前做表率的自信、一种为了维护班集体的荣誉可以据理力争的气魄。当然，最恰当的就是能够和学生一起欢乐、一起失败、一起奋斗而不把自己置于高高在上的位置。因此，班主任一定要善于表达情感。

如笔者在中学任教时，善于运用"亮剑精神"指引班级建设。在实践中面对学习和各项社会实践活动，鼓励学生敢为人先、勇于拼搏，敢于打破常规，培养创新精神，鼓励同学树立信心。

敢于亮剑，富有激情。班主任要有人格魅力，做一个有个性的老师。在教学活动中，随着学生主体地位的日益突出，中学阶段面对学生叛逆期，班主任更应该与时俱进，成为一名与时代、与学生、与当前教学目标相符合的育人群体。这里的个性主要指班主任在育人过程中的大爱特质、英雄气概，不计得失，面对失败敢于从头再来，引导学生开阔心胸、志存高远。

强化中小学班主任教师人才的培养，提升他们的综合能力，是当前教育发展的必然要求。在实际工作中，班主任要富有激情，做一个演讲者，力求提高思想工作的实效。同样一件事，选择怎么做、什么时候做，结果大相径庭。富有激情的班主任，他的思想工作一定不是常态化的。抓住时机，力求透彻深情，在不断强化中，一种思想精神才能在学生心里生根发芽。

　　班主任工作的开展不能墨守成规，要善做"刺头"，敢于开拓。在开展具体工作时，要有创新精神，不拘一格，力求实效，这对于班集体的建设有重大作用。对于班级管理，我们不能再像以前那样做一个"班妈妈"，更多的时候应该做"班爸爸"。管理应该是在常规时间抓，更多的应该是在非常规时间，这样才能真实了解学生的情况。比如，组织学生参加全国"奥赛"，增长学生的见识、经历，能不能得奖就是非常次要的事情了。总之，要敢于做别人不敢做的事，更要敢于做别人敢做的事且要有新的花样，这样才能收到不一样的教育结果。

　　2. 班主任具备独立人格魅力，吸引学生的尊重

　　班主任在班级建设中的核心地位是不容置疑的，在当前的教育环境下，一部分教育工作者的观点却与此不同。针对当前的学生特点，在新一轮课改的前提下，很多一线班主任往往更强调学生的主体地位，有时更是片面地迁就学生的爱好、观点，从而把学生的缺点等渐渐掩藏，使学生在中学阶段得不到好的纠正。

　　班主任的性格、人格魅力在很大程度上影响着自己的学生，当然这也是班级建设中，建成什么样班级、班级的特点是什么的直接影响因素之一。同时，中学生正值成长的叛逆期，追求个性，但如不能很好地引导，将不利于学生的发展，更谈不上对他们学习能力可持续发展的培养。因此，面对教育环境的变化、教育对象的变化，班主任更应该与时俱进，做一名与时代、与学生、与教学相符合的个性班主任，不断提高自己的人格魅力。

　　当前班主任应该具有怎么样的人格魅力，才能赢得学生的尊重，建立优秀的班级呢？敢爱敢恨，敢作敢为，敢于对不正当的社会风气先于学生进行抨击，敢于为了班级的利益据理力争等。说简单一点就是要有电视剧《亮剑》中所说的"亮剑精神"，树立权威，这就首先要求班主任自身要有过硬的本领，不管是教学能力还是管理能力都应有自己独到的地方。

　　独特的人格魅力。这在很大程度上直接决定了班主任在学生中的地位和班级建设的方向。班主任应该具备正直、果断、有主见的素质。面对学生敢爱敢恨，敢于与学生共享欢乐，敢于当着班级同学在受委屈、感动时流下眼泪。这种人格魅力最重要的就是要有一颗能够走进学生心灵，能够感应学生，能够和学生心里产生共鸣。

班主任在班级管理中不仅要有大爱特质，又要具备细腻、柔情之心。对于班级的管理、班级的建设，班主任想要在这个过程中要建立自己的权威、威信，首先得从自我建设做起，这样才能让学生信服。

心胸开阔、志存高远，这是班主任的必要特质。当然作为一名班主任，不管是男教师，还是女教师，都还要有一颗细腻的心，善于观察学生的动态，善于发现问题，及时地进行疏导。尤其是对处于青春期的学生，班主任更需要用大爱之风导航，用细腻、柔情之雨潜移默化，点滴滋润，化解矛盾，从而促进学生的健康成长，健全人格，赢得学生发自内心的尊重。

四、善于借力，班主任应有良好的协调沟通能力

班主任还需要加强与家长的沟通协调，这样才能全面掌握学生的情况，更好地提升学生的学习能力和学习成效。

1. 班主任要善于用巧力，借助学校支持力

班集体建设能得到学校领导的大力支持，就能逐渐让学生产生在这个班级学习、生活的荣誉感和自信心。例如，有时候请学校校长来班上讲讲课等。这样次数多了，会让学生觉得自己的班级与别人的不一样，受到学校的关注度更高，这样就会促使其不断努力，能够产生一种激励效应。当然，赢得学校领导的支持，给予不一样的特殊政策，最为重要一点就是要有成绩。

2. 班主任还要善于走进学生家庭，赢得家长支持和认同

家庭是人生的第一所学校，家长是孩子的第一任老师，要给孩子讲好"人生第一课"，帮助孩子扣好人生第一粒扣子。在班级管理中赢得学生家长的支持、认同，能使班级管理收到事半功倍的效果。

赢得学生家长的支持，是一个需要脚踏实地去掌握学生家庭的第一手资料的实践。笔者在任班主任教师期间，重点了解学生家庭成员的构成、家庭成员的思想和家庭的经济收入状况，从而关注学生、教育学生、帮助学生，拉近与家长的距离，互动共同助推学生的发展。

走进学生家庭，主要关注学生家庭组成，如父母是否离异、留守学生等特殊情况。班主任的沟通能力对于这类学生的教育尤为重要，这直接关系到他们的健康成长。通过这种走进家庭的方式，不仅可以拉近与家长的距离，还可以促进学校、教师和家长共同关注学生的成长，在学校为学生提供更好的帮助。此外，对于部分经济困难的学生家庭，要多渠道开展家访和调查研究，走进他们的家庭，用真情去沟通化解他们的困难。这样一方面给他们父母带去信心，鼓励他们走出农村外出务工，另一方面在学校的管理上也会给这部分特殊学生更多的关爱，帮助他们成长。

因此，通过走进学生家庭、走进家长，了解学生更多实际情况，赢得家长的尊重，使教育真正走出校门，建立起切实可行的家校联动机制，为树立班主任的班级管理核心地位打下坚实的基础，从而为更好地教育引导学生提供有力的支撑，以促进他们的健康成长。

3. 班主任要具备善于做思想工作的能力

思想工作是每一个班主任都要做的，怎么做、什么时候做是班主任要重点考虑的。笔者认为，一个优秀的班主任的思想工作，一定不是常态化、规律化的，而是随意性、针对性的，讲求时效、讲求彻底，善于选择素材。

对学生的思想工作既要有以前那种"婆婆嘴"的方式，但更重要的是要善于选材。要善于选择生活中可感的事迹，尤其是平民英雄，这样才会增强说服力。每年的感动中国人物必定是笔者大讲而特讲的素材，新闻报道的感人事迹也是重点。总结下来，主要有如下主题：孝道、在逆境中奋发向上的不屈不挠精神、大爱团结协作的集体主义精神等。

做思想工作还得抓住时机，不要怕占用时间，要讲透彻、富有感染力，才能够深入学生心中。所以班主任要有很好的语言表达能力，在一定程度上就是要有会演讲的特质。在班上一旦发现可以讲的题材一定不能过夜，要当天消化。还有就是要反复讲，教育学生有反复性的特点，不要认为讲一次后学生就会受用很久，只有不断强化，意识、思想才会在学生心里扎根。这才能触及学生的灵魂，让学生在以后的学习生活中，成为一种习惯，这样才能实现学生和教师的持续发展。

总之，当前中小学班主任认真贯彻"教育必须为社会主义现代化建设服务、为人民服务，必须与生产劳动和社会实践相结合，培养德、智、体、美等方面全面发展的合格的社会主义建设者和接班人"的教育总方针。坚持以习近平新时代中国特色社会主义思想为指导，坚持立德树人，办人民满意的教育，把握教育规律、时代发展的特点。班主任教师要落实素质教育，以培养学生的综合素养，扎扎实实地积聚教育能量，锤炼自己的教育艺术，不断提高自身素养，努力成长为教育艺术家。同时，还要以进步的思想、高尚的品德、丰富的学识，在学生心目中树立教师该有的形象，培养出能担当民族复兴大任的时代新人，培养出德智体美劳全面发展的社会主义事业合格的建设者和接班人。

第三节　当代中小学班主任教师班级管理策略

当前中小学班主任班级管理能力的构建是必不可少的，这直接影响到班级管理和发展的成效。因此，班主任的班级管理策略，必然要科学合理，符合学生成长规律和教育教学规律。

一、宽严相济，树立班主任班级管理中的核心地位

确立班主任在班级管理中的核心地位，需要赢得学生发自内心的尊重，这就需要班主任在管理过程中以采用宽严相济的方式树立权威。对于学生而言，在学校是一个教育、纠正、引导的过程。在这个过程中他们肯定有很多问题，这些问题有轻有重，有大有小，那么班主任作为班级管理的第一责任人，必须宽严相济、说一不二、一视同仁，这样才能树立自身的权威地位。

班主任制定相应的规章制度、班规班纪，从制度上约束规范学生的行为，塑造规矩意识。对于班主任公布的、有明确要求的事，如果学生还犯那必须采用严厉的措施进行教育。对于学生思想品德和法律道德方面的错误也必须严格教育。当然对于处于学生成长阶段的常规性问题则应采用相对宽松的教育方式，但不是妥协、放任，而是处理方式可以更加灵活，以达到教育目的。

树立班主任的权威对于中小学阶段的班级管理而言，最重要的一点就是要把握住公平这个砝码，在奖惩、班干部的管理、日常活动等方面都要注意。对于高中生而言，最重要的就是在公平的前提下，保证一定程度的民主，但民主不是放任，更不是完全由学生做主，而是利用班级的民主建设来达到确定班主任威信的目的。

二、敢于放手，发挥学生班级管理的根本主体作用

1. 班主任教师敢于放手，学生勇于担当

让每一个学生都参与到班上日常事务中来，强化责任意识。当前班主任教师面对新的教育对象，管理教育方法也要与时俱进。学生在教育中的主体地位不仅要体现在学习中，在班级管理中也要让学生真正成为班级管理的主体，以此塑造学生的民主意识、担当精神。让每一个学生都清楚地认识到自己就是班级的主人，强化责任意识，而班主任则作为观望者、决断者。从目前社会发展的需要和新一轮课程改革纲要的要求、目标来看，我们更应该重视学生在班级管理中的主体地位，而不能局限于其在学习中的主体地位。

班主任可合理制定符合班级实际情况的管理制度、作息时间等，使学生自我管理有章可依。班主任一定要通过思想教育和鲜活的事例，让学生明白自己就是班集体的主人。每一个人都要积极参与到班级管理中，肩负起管理班级的责任，要有担当意识。通过对班干部的有效培养，提升班级管理水平，构建班魂，以实现"自我教育、自我管理、自我服务"的目标，从而适应当代社会对人才的需要。当然在现实中还有部分老师忽略了这一点。

引导学生参与班级管理，也要从班级的小单元做起，否则就只能是一句空话。如在日常学习、生活管理中，将班级分为一个个小组，班主任一定要要求小组长做好人员的分工，由协作完成任务。每天放学后对门窗、电灯、饮水机的管理等，都要落实到具体人身上。通过这些小事逐渐强化学生的主人翁意识，有了每一个学生的积极参与，班级管理的要素不断增加，这样的班级才会有战斗力、凝聚力。当然，在每一个同学都参与的背后，班主任要认真监督、公平处理每一

件小事，抓好开头，收好结尾。

2. 以班干部为管理的主线，鼓励全员参与，让班主任成为一个观望者、决断者

在班级管理过程中，充分发挥班干部的作用非常重要，他们是班级管理的主线。同时，又不能把班干部与其他同学割裂开来，也要让普通同学广泛参与到班级的管理中来，相互配合，全班扭成一股绳，这样就有了战斗力。班干部在日常管理中是班主任最得力的助手。首先，班主任要定期召开班委会，加强对他们的指导。对班干部进行正确的评价，增强班干部的荣誉感，积极鼓励他们在班委会上公开提出班级管理中出现的问题，敢于批评与自我批评。同时加强班干部的责任意识，使之既干好自己分内的事，又要善于与其他班干部协调。其次，正确处理好学习与班级管理的关系，两者不能割裂开来。把学习和管理作为相互促进的有效方式，相得益彰。

让其他普通同学也积极参与到班级的建设管理中，是一件非常不容易的事，班主任要艺术地处理这个关系。对于如何调动他们的积极性，班主任要把握住两个方面：第一，要有民主意识和公平意识。在处理班级事务时一定要善于决断，不偏袒任何人尤其是班干部，但又不能打消各自积极性，要让他们明白不管是班干部还是普通同学的管理都是一份责任，都是为集体出力，都是在锻炼自己。第二，讲求实事求是，赏罚分明。对于一个班级的成长建设来说，班主任要清楚地掌握各种情况，这是处理班级事务的首要条件，切不可凭主观臆断，要遵循实事求是的原则。要按规章制度行事，不能有令而不行。让班主任在班级管理中真正成为最后的"决断者、观望者"，而不是围绕鸡毛蒜皮的事忙碌，将更多的精力放在提升班级成绩、提升学生的综合素养方面。

3. 做好监管，善于引导

让学生成为班级管理的主体，在这个过程中班主任既要敢于放手让学生去管，又要善于引导，做好监管，不能放任自流，否则会导致整个班级的不协调，出现不正常的发展。因此，每一个班主任都要注意在敢于放手的同时，又要善于引导、监督。放手让学生管理班级也要有一定的度，这并不矛盾。也就是说，对

于班级管理的日常事务敢于放手，对于学生报考、班级发展方向和各项政策等，班主任必须亲自处理，尤其是学校要求的工作。

敢于放手，班主任也要做好积极的指导。当学生遇到不能处理的事情时，班主任必须善于决断；当遇到困难时，班主任也必须冲锋在前。

班主任对班级的监管也要有方法，既要善于在常规时间进行，也要善于让学生捉摸不透，这样才能发现真实的情况。对于班干部的管理，要不定期地听取班级不同性格学生、不同成绩段学生的反映，多调查多分析，这样才能掌握第一手准确可靠的材料，这样才能真实掌握班干部管理班级过程中出现的问题，为决策打下基础。

三、建构班魂，营造符合班级特质的育人理念和环境

班魂建设，这是一个班主任能力水平高低的重要标志之一，也是一个成功班主任必须要完成的任务。在班级管理中，班主任依据班级学生的构成情况、学校的发展历史和班级要达到的教育目标等情况，积极构建符合班级实际的育人精神思想。

1. 班魂建设很重要

对于一个班级而言，班魂是非常重要的，其是班级建设发展过程中的一面旗帜，发挥着导向作用，也就是一个班级的灵魂，通俗一点讲就是班级精神。一旦班级精神确定，所有的教学活动、管理活动以及其他活动都应该围绕这个来展开。同时，班魂、班级精神最重要的一个作用就是，以此来使学生也具有这类品质，从而在中学阶段、大学阶段以及整个人生不同阶段都受此影响。班主任通过和学生一起建设班魂，来健全学生的人格，养成优秀的品质，从而培养学生优良的品质。班魂象征着一个班级的精神面貌，代表着一个班级努力的方向，代表着学生的品质，是一个班级建设的核心，是班级凝聚力的体现。

2. 建设什么样的班魂

班级建设是衡量一个班主任能力水平高低的重要卡尺。因此，培养班主任教

师塑造班魂的能力，对基础教育阶段学生成长至关重要。班主任要教育、引导学生树立共产主义远大理想，坚定社会主义理想信念，厚植爱国情怀，促进学生积极践行社会主义核心价值观，使他们成为有大情怀、大格局的时代好青年，这就是班魂的建设方向。当前，教育最需要培养学生的能力、品质，即作为一个普通人能够符合社会要求的最基本要素、品质和实践能力。在班魂熔铸过程中，教师要结合学校的发展历史、办学理念，本班级学生组成情况、生源情况、能力特点、兴趣爱好，以及班主任治班经验等，这对班级以后的发展有重要影响。

建设什么样的班魂这个尤为重要。每一个班级对于班魂的确定既要结合本班学生组成的特点和班级学生所展现出来的特质，结合本校校情、班主任特点等方面，又要结合当前社会实际情况和时代特点。

例如，笔者曾任教的学校为一所农村高中，笔者结合学校的迁校、建校、兴校的艰辛办学历程，以及校园文化特色"养石成玉"、石文化，带班级确定的班魂是"锲而不舍，金石可镂"，班歌是《从头再来》。这个班魂陪伴学生三年，一起经历多次起伏，使学生正确认识了每次班级评选、各类比拼的得失，使学生形成了一种敢于拼搏、不怕失败的品质。

3. 怎样建设班魂

教育必须为社会主义现代化建设服务、为人民服务，必须与生产劳动和社会实践相结合，培养德智体美等方面全面发展的社会主义建设者和接班人。新时代打造班魂必须把握时代性，尊重教育规律，坚持以人为本，体现素质教育的要求。班魂建设是一个漫长的过程，需要学校、教师、家长、班主任、学生的共同努力，践行于日常的学习、生活中，从而培养出能担当民族复兴大任的时代新人。

第一，文化建设，入脑入心。班主任要全面加强学生美育，坚持以美育人，以文化人，提高学生审美和人文素养。全班共同研究确定了班级文化后就要在班上践行，紧紧围绕班魂开展班级文化建设，做到班魂上墙、入心入脑，通过对班级文化建设的开展推动班魂的落实。如购置影像视频资料，每周定时播放相关素材；开展专门的班会课。尤其重要的一点是，班主任在进行思想教育时必须联系班魂展开，以此影响学生。

　　第二，活动载体，落到实处。坚持教育与生产劳动和社会实践相结合的理念。在班级活动中，要紧紧围绕这个主题，开展社会实践活动。比如，鼓励学生积极参加义务劳动、体验农业种植、参加校园清洁等。在实践劳动中引导学生崇尚劳动、尊重劳动，懂得劳动最光荣、劳动最崇高，从而凝聚精神，升华思想。又如，学校举办全校运动会时，每天晚自习进行总结，结合班魂给予表扬，发扬学生的拼搏精神。在班魂的建设过程中要充分开展班集体活动，以此增加班级的凝聚力、活力、抗挫折的能力，让学生在活动中体验集体意识，收获对班魂的深入理解，锻炼他们的动手能力、抗挫折的能力。

　　在这些活动中，要从一个小组、一个寝室、一个球队等小集体出发，循序渐进，使学生形成自觉的集体意识。比如，组建足球队、篮球队、一些兴趣小组等，同时班主任要积极参与。在这些活动中，班主任的导向非常重要，抓住每个活动闪光点及时总结，重参与过程轻得失；不管是表扬还是批评都要从集体出发，重集体收获，轻个人得失。

　　提高学生运动的能力，找准兴趣点，保证学生运动时间，激发热情，使其将运动作为一种兴趣爱好，不仅有利于班魂塑造，更有利于学生身体健康成长。这样能使其在运动过程中体会到运动的快乐，理解班魂精神，找到自信，养成团结拼搏、锲而不舍、不怕失败等品质。

　　第三，强素质，管理塑魂。在构建适合班级特点的班魂时，要求教师具有丰富的能力素养和高超的实践能力。强自身素质，这样才能打造出符合班级特色、学校发展和时代要求的精神要义。当代班主任构建积极向上的班魂，必须具备的基础素养，即作为学校普通科任教师应该具备的基本素质主要包括为人师表、责任心、教育教学能力、关爱学生、专业发展能力；还要具备担任班主任的核心能力，这是该岗位的特殊要求，主要包括班集体建设能力、学生发展指导能力和教育沟通协调能力等。

　　当前中小学班主任教师人才的培养，不仅要促进其具备精湛的专业技能、实践管理能力，还要有高尚的家国情怀。班主任在班级管理中处于核心地位，要赢得学生发自内心的尊重，才能使学生信其道，这就需要教师有过硬的本领，使学生内心尊重、信服，按照老师的设想建设班级文化。在塑造班魂过程中，措施也要宽严结合，宽要体现老师的大爱、大德、大情怀，严要不失细腻温婉，这就需要班主任在管理过程中采用灵活多样的方式。

对于学生而言，在学校是一个教育、纠正、引导的过程，在这个过程中他们肯定有很多问题，这些问题有轻有重、有大有小，作为班级管理的第一责任人，班主任必须宽严相济，把握住公平、公正的砝码，一视同仁地对待每一位学生。对于班主任公布的、有明确要求的事，如果学生再犯则须采用必要的措施进行教育，讲求事实、赏罚分明。

第四，家校共育，做好监管，善于引导。办好人民满意的教育事业，家庭、学校、政府、社会都有责任。要成功塑造班级文化精神，家庭的作用也必不可少，家校共育意义重大。家庭是学生人生的第一所学校，学生的第一任老师也是家长，家长要在生活中潜移默化给孩子讲好"人生第一课"，帮助学生扣好人生第一粒扣子。家长应与教师协调一致，维护教师教育理念，按照班级文化打造方向努力引导、监督学生的思想行为习惯。班主任在监管、疏导过程中的方式、态度都要体现班级精神。这就要班主任了解班级每一名学生的情况，因势利导，帮助他们树立班魂精神。

让学生成为班级管理的主体，在这个过程中班主任既要敢于放手让学生去管，又要善于引导，做好监管，不能放任自流。班主任在敢于放手的同时又要善于引导、监督。当学生遇到不能处理的事情和困难时，班主任必须冲锋在前。

第五，稳定班级，潜移默化。这里的稳定班级，主要指学生稳定、教师稳定和班级人员组成稳定，尤其是减少学生流失，减少校内班级、班主任和科任教师人为的调整。任何一种班魂的形成都离不开长时间的熏陶，让学生在几年的成长过程中养成一种深入内心的精神素养，不是一日之功，而是水滴石穿的过程。所以，保证一个班集体的完整，保证学生持续接受一种精神、理念，对班魂的塑造至关重要，班魂形成的标志应该是这种精神能体现在班级绝大部分学生身上。因此，针对目前很多学校，尤其是一些农村高中存在的班级不稳定现象，需要及时调整策略。比如，在一些学校，有的年级为了能集中优生，每一学年，甚至每一学期都进行班级调整，造成学生流失、教师任教班级变动。这样的状况难以让班主任成功塑造班级精神、班级文化，学生接受班级精神，最终化为自己的素养并能运用到日常学习生活中，更是一句空话。塑造班魂、班魂育人，保持班级、学生、教师的稳定性是必不可少的一环。

班魂建设以提高学生的思想道德素质、科学文化素质为目标，满足现代化建设对各类人才培养的需要，为教育强国战略和社会主义现代化建设服务。班级建设是一个复杂的系统工程，但只要我们充分意识到班魂在班级建设中的作用，有效利用班级文化的潜移默化性、影响的长远性和深刻性，采用营造、浸润等形式开展，就能取得实效。把教育置身于特定的环境中，充分发挥班级文化的育人功能，我们的班级建设一定会达到新的高度，进而实现教师和学生的持续发展。当前班主任应努力打造具有时代特色的班级精神，培养出能担当民族复兴大任的时代新人，培养出德智体美劳全面发展的合格社会主义建设者和接班人。

第四节 班主任班级管理能力与中小学学生发展的关系

一、相互促进、辩证统一

当前教育发展面临着新环境和新格局，如何构建班主任的班级管理能力，以优化的管理促进中小学生学习能力的提高，是学校、教师、家长、社会必须面对的一个问题。把促进中小学生学习能力发展、班主任教师人才的培养和班主任班级管理策略紧密相连，从而促进人的全面发展，培养适应社会发展的复合型人才，这就需要辩证地处理好教师人才的培养、学生的发展和班级管理三者辩证统一的关系。

班主任建构优良的管理理念，运用有效的班级管理策略，以促进中小学生在这个特定的人生阶段养成好的行为习惯和良好的意志品质，同时也提升教师的管理教学能力。

在促进中小学生学习能力提高的过程中也很好地为班主任的班级管理提供了切实可行的经验，为班主任的班级管理提供了一个既定目标，从而实现班级管理模式的改变，促进班主任班级管理理念的转变，适应时代发展对教育的新要求。

二、班主任班级管理能力是学生成长的保障，中小学学生的发展是目标

班主任班级管理的最终目标是促进学生的发展，包括知识层面的发展、能力层面的发展、身体的健康发育等。促进学生的发展，就是要促进学生综合能力的发展，养成终身学习的能力。要实现这个目标，就必须促进学生学习能力的提高，尤其是自主学习能力。

本章重点阐述了班主任应该采用怎样的班级管理策略、应该具备怎么样的综合素质、如何确立在班级管理中的核心地位，引导学生主动参与到班级管理中来，以此形成一种符合本班特质的班魂，也就是一种班级精神、班级文化，从而构建一个有凝聚力、战斗力、创造力的班集体，为学生的自主发展营造一种潜移默化的"软环境"和学生可见可感的"硬环境"。在这样的集体中促进学生自主学习能力的提高，养成良好的行为习惯和责任意识，切实实现学生内在素养的升华，真正实现造就适应社会需要的复合型人才目标。

三、中小学学生的发展反哺班主任班级管理能力的提升

中小学学生综合能力的发展，尤其是中小学学生自主学习能力的形成、发展，促进了班主任班级管理理念的更新、班级管理水平提高。中小学学生自主学习能力、自律意识、终身学习能力的养成是一个复杂、长期的涵养过程，在这个过程中学生的发展受到多方面的影响、制约，给当前班主任提出了新的问题，这就要求班级管理顺应时代潮流，与时俱进，不断提升自己的综合能力。

一个事物的发展离不开环境的变革，在这个过程中，环境起到催化作用。学生学习能力的发展，促进了班主任教学水平、管理水平等的提高。这具体体现在班主任的管理过程中、学生学习能力发展过程中。班主任也要不断反思、总结在班级管理过程中出现的问题。如果班主任的管理水平得不到相应的提升，不适应时代教育的发展，不能因材施教就会受到淘汰。因此，在促进学生学习能力提高的过程中，班主任要善于学习，养成终身学习的习惯。

面对百年未有之大变局，教师、学生、教育主管部门等都要更新教育观念，变革教育模式，改革教学方法，从而教会学生学习，提高学生实践能力和与社会发展相协调的能力。这要求教师必须教育、引导学生树立终身学习的意识，改变传统的"填鸭式"教学方式。俗话说，"十年树木，百年树人"。教书育人、任重道远。我们应该认识到新时代的教育革新，先是教育观念上的创新，要求善于用新观念培养具有新能力的教师；要求我们反思教学模式，改变从前的权威式和命令式的管理方法。因此，当前对班主任教师人才的培养，更要顺应学生身心发展规律、时代特色和社会发展方向。

第六章　当代高校辅导员教师人才培养

当前大力提升高校辅导员教师人才队伍的综合素质，对提升辅导员的综合能力、落实立德树人的根本任务和建设教育强国尤为重要。

高校辅导员是当前大学生思想政治教育的核心力量，高校辅导员人才队伍建设与我国高校培养高素质、专业化人才关系密切，是体现中国当代高校育人理念和师道精神的重要内容之一。高校辅导员始终坚守在高校立德树人工作第一线，以价值塑造为引领，以育人为担当，为学生的全面发展做好综合服务，不断融入高校学生的健康成长、成才的过程中。作为学生的人生导师和知心朋友，高校辅导员也是大学生日常事务最直接的管理者，对于推进高等教育事业改革、积极落实大学立德树人的根本任务和引导大学生积极践行社会主义核心价值观等都具有十分重要的意义。

第一节　高校辅导员教师人才培养的重要意义

当前党和政府高度重视高校辅导员队伍建设，不断采取有效的措施培养高校辅导员人才。随着时代的发展，当前高校教育对大学专职辅导员能力建构提出了新的标准。因此，为了适应当前大学思政工作的要求，还需不断开阔高校辅导员的视野、扩展高校辅导员的思路、提升他们的综合素养，培养出一支能面向世界、面向未来、敢于担当的优秀高校辅导员教师队伍。

当前针对高校辅导员建设的政策不断创新，培训力度和各方面支持不断增加，辅导员的整体素质有了明显的提高。他们政治立场坚定，战斗力强，能经得起考验，优良作风和工作成绩赢得了广大的认可，在大学生思想政治教育工作中发挥了极为重要的作用。从中央到地方出台了系列文件，对于当前高校辅导员身份、地位和作用、岗位和职责、素质要求、队伍整体数量、结构及其培养发展等都作了详细规定。各级教育主管部门和高校的提升高度重视改革和完善高校辅导员培训体制，积极推进高校辅导员综合素质和能力的提升。各类高校辅导员培养、实践和研修基地项目的建成，为推动辅导员工作的专业理论、专业技能、师道精神和职业素养培训，开展大学生思想政治教育学术研究等提供了重要的支撑。现代高校辅导员培训培养的综合体系正在形成。

同时，高校辅导员的管理制度不断完善。高校辅导员的选拔、任用、管理和晋升等制度进一步科学化、合理化和公开透明，初步形成了公开、平等、竞争、择优的高校辅导员选任机制。在高校辅导员管理体制方面，推行岗位责任制，建立高校辅导员年度考核制度，实行高校辅导员任期目标责任制等，逐步把实践锻炼、岗位培训同提拔使用有机地结合起来树立正确的政绩观，建立和完善科学的高校辅导员考核体系。

一、有助于实现教育强国的战略目标

当前高校辅导员大部分都是青年教师，更要不断提升自己。现阶段我国正处在改革发展的关键时期，在全球一体化大背景下，高校辅导员应以习近平新时代中国特色社会主义思想为价值引领，把握好高校思想政治工作这一生命线，积极推动高校立德树人工作在当前迈出新步伐、达到新的高度，才能更好地促进当代高校大学生和教师的持续健康成长。

在当前背景下，高校辅导员作为大学生思想政治工作的核心力量，肩负着学生成长成才的重大历史使命，肩负着塑造时代新力量的重任，在高校运转的各个环节都发挥着关键的作用。当前加强高校辅导员队伍建设，有利于充分发挥高校辅导员春风化雨般的引领及教育作用，增强高校辅导员队伍工作的时代感。创新思想政治教育新方式和新方法，增强高校辅导员开展思想政治工作的时代感与传播力，成为彰显中国力量、中国精神的主渠道和主阵地，对于指导高校做好大学生思想政治工作意义重大。

同时，我国当前正处于中国特色社会主义建设的关键时期，高校辅导员肩负着重要的历史使命，要努力推进教育强国战略，在自己的岗位上培养有理想、有本领、有担当的青年学生，培养出肩负民族复兴大任的时代新人，这对于加快推进新时代中国特色社会主义建设进程有重要的作用。因此，当前加强高校辅导员教师的培养，建设一支政治素质硬、业务能力强的新时代高校辅导员队伍，不仅有利于引导学生厚植爱国主义情怀，帮助学生扣好成长道路上的第一粒扣子，更好地为社会不断培养出高素质人才，还有助于通过落实教育强国战略，加快推进新时代中国特色社会主义建设。

二、有助于实现高校立德树人根本任务

《普通高等学校辅导员队伍建设规定》提出，"高等学校要坚持把立德树人作为中心环节"。高校辅导员需要把"立德树人"和"铸魂育人"放在首位，将"立德树人"这一根本任务牢牢记在心中，以最大努力实现高校立德树人这一根本教育任务。在大学生日常学习和生活中，高校辅导员是学生的心灵导师，随时为有需要的同学排忧解难，及时解决学生的思想问题等，更好地为国家培养出身心健康、顺应时代发展的社会主义新型人才。同时，在高校教学和管理过程中，高校辅导员需要帮助其他老师和同学合理安排好各项教学活动，保证学校各项教学活动顺利开展，为培养新时代社会主义合格的建设者和接班人作出贡献，为党和国家培养出具有民族担当的时代新人。

在高校辅导员的眼中，学生的成长成才是最重要的，要坚定以学生持续、科学和健康发展为本的教育理念。优秀的高校辅导员就像是心灵工程师，用教师的爱滋养学生，从学生的思想建设入手，积极培养其实践能力，为学生成长成才、为高校更好地完成立德树人根本任务而奋斗。大力培养高校辅导员，将立德树人的教育教学理念贯彻到每一项思想政治工作中，引导广大辅导员把个人的发展与国家、民族的发展紧密结合起来，与新时代同心同行，奏响奋进新时代的主旋律。因此，高校辅导员的培养和落实立德树人的教育任务也是一场"持久战"。

三、有助于促进高校学生健康成长

促进大学生健康成长成才是高校辅导员的责任，要针对大学生在日常生活和学习中表现出的发展性问题提出良好建议，帮助大学生顺利渡过大学阶段。在思想政治教育工作中，高校辅导员有针对性地帮助学生处理思想认识、价值取向、学习生活、择业交友等方面的具体问题。高校辅导员队伍工作的核心和使命就是要成为大学生成长成才的建设者，守护着大学生的健康成长，这也正是打造一支"能力强""业务精"的高校辅导员队伍的时代价值所在。

1. 高校辅导员的初心和使命是为学生工作做好服务，实际就是教会学生做人、做事

这就要求辅导员从学生中来、到学生中去，遵循人的自然成长规律，以春风化雨般的方法，促进当前大学生健康成长，成为学生健康成长路上的引导者。每一名高校大学生都是一个独立的个体，有着自己独特的性格特点和生活学习习惯，而高校辅导员则是大学生在校园里"最亲密的人"。高校辅导员是与大学生接触最多、距离最近、关系最好的教师，高质量的高校辅导员队伍培养，对于大学生思想政治教育工作的开展和大学生健康成长成才具有重要作用。高校辅导员队伍建设质量越高，开展高校学生工作的效果就越突出，就更有利于学生的综合素质的提升。

2. 高校辅导员可以有效解决学生成长成才中的问题困惑

当学生面临就业难的困惑时，高校辅导员可以第一时间为大学生开展职业指导，增强大学生的主体意识，做好大学生的职业规划，挖掘大学生的职业潜能，促使学生从容应对职业挑战。他们将育人环节贯彻到学生学业、生活和就业等各个方面和整个过程，打通育人历程中的关键一段路程，从而更好地促进高校每一位学生的健康成长。

四、有助于全面提升高校辅导员自身综合素养

通过加强高校辅导员队伍建设能够促使其综合素养的全面提升，这也是高校辅导员队伍能够顺利开展大学生思想政治工作的重要一环。加强高校辅导员队伍建设对于提升高校辅导员队伍综合素质具有十分重要的战略性意义。高校辅导员承担着立德树人的根本任务，本身应该具备较高的综合素质，如此才能做好青年大学生成长路上的知心人和引路人。

1. 促进其自身的思想政治素养的提升

当前高校辅导员队伍作为高校德育工作的主要实施者，有计划、科学合理的培养能够提升其思想政治素养。另外，高校辅导员还会经常利用组织开展基层党支部活动，在党的建设活动中，也会提升作为一名基层党务工作者的思想政治觉悟和精神面貌等。

2. 促进自身业务素养的全面提升

随着社会经济的快速发展以及我国教育改革的不断推进，当前社会对高校思想政治工作的要求以及高校辅导员对学生的教育管理也越来越严格。在这种情况下，通过对高校辅导员教师的培养，高校辅导员能够在学生管理与思想政治工作开展中促进自身业务水平的提高。高校辅导员要与时俱进，不断丰富相关理论知识，强化自身知识储备，不断地积累学习和创新钻研，广泛阅读与高校辅导员工作相关的书籍或资料，不断地发展自身的理论知识素养，更好地应对繁杂的辅导员工作。

3. 促进自身身心素养的提升

高校辅导员在日常工作中面临的任务十分繁重，作为奋斗在高校思想政治工作一线的辅导员队伍需要在繁杂的工作之余加强锻炼，提高应对高强度工作的心理承受能力。面对着性格多样、发展参差不齐的学生，高校辅导员应在工作中不断调整心态，形成良好的心理素质，不断积累工作经验，面对不同的问题及时提

出有针对性的解决策略。高校辅导员应顺应时代发展潮流，把握时代机遇，在全员、全过程、全方位育人的新格局下，进一步提高站位，努力提升自身身心素养，从而推动高校学生管理工作的全面提升，更好地成为大学生人生路上的优秀引路人。

第二节　高校辅导员教师人才培养存在的问题

当前高校辅导员队伍建设的质量有了明显的提高，但高校辅导员教师人才综合能力建设和发展依然存在问题。随着时代的发展，高校教育也面临重大的挑战，辅导员面临学校、学生和社会的新情况、新矛盾、新问题。当前高校思想政治教育工作者，必须具备更高的素质和能力，才能适应新要求，胜任新时期的高校思想政治工作。

一、高校辅导员队伍建设的数量和学科比例不合理

1. 高校辅导员队伍结构比例相对失调

根据相关规定，高校专职辅导员应按照 1∶200 的比例来配备，每个学院的每个年级都要有一定数量的专职辅导员。高校辅导员队伍结构相对失调的问题主要体现在以下两个方面：

首先，男女比例失调。高校辅导员工作一般都比较复杂烦琐，当前各高校普遍存在很多男教师不愿意从事这项工作，女性辅导员比例较高的现象。

其次，专业学科结构失调。高校辅导员为了提高工作效率不仅要掌握政治学、教育学、心理学等有关理论知识，在当前背景下还应该加深对党和国家的有关政策等的理解。但是由于目前高校辅导员的所学专业与社会背景五花八门，这可能会导致部分高校辅导员在新时代背景下无法很好地满足高校大学生思想政治工作所提出的新要求，从而影响高校辅导员队伍工作效率，使高校辅导员队伍在

学生思想政治工作中的影响力、说服力受到一定的削弱，导致学生工作的规范性与有效性相对不足。

2. 高校辅导员队伍建设缺乏完善的合作机制

完善的合作机制是促进高校辅导员队伍专业化发展及提升管理技能的重要途径，这不仅有利于增进高校辅导员之间的交流沟通，还能提高高校学生思想政治工作及学生事务管理工作的效率，加快推进高等教育事业的持续发展。当前高校辅导员队伍建设依然存在条块分割这种现象，各个高校辅导员只负责自己管辖范围内的工作，对全局性与整体性的工作重视不够。在日常工作中由于缺乏相对有效的沟通交流与合作，因此难以形成完善的协同联动工作机制，这也大大影响了高校辅导员工作的健康、科学、合理开展。

首先，部分学校没有制定合理的辅导员交流合作机制，建构的高校辅导员沟通交流平台较少，加强交流合作的形式比较单一。如当前部分高校主要是举办一些高校辅导员知识技能讲座，高校辅导员只有在一起开会的时候才有机会进行沟通交流，平时缺乏自主的交流合作和共享，这将造成高校辅导员队伍的培养陷入困境。此外，部分高校辅导员之间往往在处理学生疑难问题或者需要沟通协调时才会沟通协作，这种较为被动的协作模式会给高校辅导员思想政治工作带来一定的负面影响。在遇到问题时，解决方式不一致或者是配合不当反而会影响问题处理的效果，降低高校辅导员工作效率，甚至会增加一些学生的负面情绪。

其次，高校辅导员在交流合作的过程中，可能会提出许多不同的观点，个别高校辅导员为了避免分歧和矛盾，会选择回避而独立地解决问题。由于科学规范的高校辅导员合作机制尚未建构，部分高校辅导员有时考虑到自身晋升等问题，不愿与他人分享自身积累的宝贵经验及掌握的一些专业理论知识。这也导致高校辅导员队伍对于合作学习缺乏应有的积极性，合作效率相对较低。

二、高校辅导员人才培养的职业定位不够明确

1. 高校辅导员职业认同感较低

职业认同属于心理学的范畴，是对自身所从事的职业所产生的积极情感，最后内化为自身内心精神思想的内容。职业认同感的高低，关系到职业群体对工作的积极性。

首先，个别高校辅导员缺乏职业道德。个别高校辅导员比较功利，缺乏良好的职业道德素养，没有践行不图回报、甘于奉献的思想。还有部分高校辅导员未将自己的全部精力放在本职工作上，消极懈怠、缺乏责任意识；全心全意为学生服务的思想不够坚定，这在很大程度上会影响高校辅导员人才培养的整体效果。这一部分群体会带来十分不利的影响，会导致学生和家长对高校辅导员队伍不够信任，久而久之会产生许多负面情绪。

其次，部分高校辅导员职业信念不够坚定。部分高校辅导员的职业发展受到一定限制，工作了很多年后还是辅导员，职位晋升方面不尽如人意。许多高校辅导员仅把这个岗位当成了进入高校工作的捷径和以后转向其他岗位的"跳板"，没有把高校辅导员工作作为终生的事业追求，而是作为踏进高校的门槛。在进入后等待机会进行转岗，做一名专业课老师或者从事行政机关岗位。这种不将辅导员本职工作当作终身努力奋斗事业和从内心不喜欢辅导员职业的现象，会逐渐影响高校辅导员对于职业的认同度。同时，当前许多高校在选聘辅导员时采用"新人新办法，老人老办法"，对于新选聘来的辅导员普遍实行人事代理制度，但是由于人事代理制度下的高校辅导员在薪酬、福利待遇、晋升等方面都与有编制的辅导员存在一定的差距，从而导致部分高校辅导员工作积极性不高。

最后，一些高校辅导员职业信念较为淡薄。某些高校辅导员思想比较落后，不潜心钻研业务，不能安心做好本职工作，较为淡薄的职业信念导致其工作效果不理想，导致高校辅导员对自身职业产生倦怠，降低了对自身工作的认同感。而且，高校辅导员平时所从事的工作十分繁杂，工作界限不够明晰，经常会被繁杂的工作牵着鼻子走，从而导致身心十分疲惫。高校辅导员因为每天面对学生琐碎

的管理教育工作，导致其不能静下心来做科研、做学术，科研成果及学术成果不多，在评职称和晋升等方面处于不利地位。这可能导致高校辅导员队伍对工作的热情不高，从而引起高校辅导员教师队伍稳定性的削弱，对高校思想政治工作开展存在着一定的不良影响。

2. 高校辅导员角色定位不明确

高校辅导员不仅是开展大学生思想政治工作的核心力量，也是大学生全面发展的领航者和指导者。但是当前高校辅导员不得不扮演教育者、组织者、服务者和文化传播者等角色，这些角色模糊、职责定位不明等问题会对高校辅导员工作成效产生消极影响。

当前，对于高校辅导员教师队伍的职业角色定位存在错误的定义。首先，高校辅导员将自己定位成学生的"保姆"。从早忙到晚，从教师办公室忙到学生寝室，一直穿梭于任何与学生事务工作相关的地方，根本没有什么闲暇的时间。这种现象也是在当前各大高校辅导员队伍中普遍存在的。高校辅导员本职工作应该紧紧围绕学生思想政治工作和学生日常管理工作两个核心展开。但在高校辅导员实际工作中，面临着职责不清等问题，高校辅导员经常忙于学生宿舍卫生、课堂纪律、人身安全管理等琐碎的日常事务方面。这消耗了大量的时间和精力，在诸多繁杂、琐碎、随机性强的工作任务下，高校辅导员无法把握自身的职业角色定位，工作激情逐渐消退。其次，高校辅导员将自己定位成了"普通教师"。高校辅导员每天要面对大量的教学活动、学生社团活动和学生管理工作等，由于不能影响正常的教学进度，可能会无暇关注学生的日常生活管理工作，忽视对学生日常行为的规范。许多高校辅导员无法将这两者巧妙地协调好，顾此失彼，导致角色定位出现问题，角色定位模糊，这可能会给高校辅导员工作职责的具体划分带来不良的影响，从而降低工作效率。

三、高校辅导员教师的自身专业能力发展不够

大力推进高校辅导员教师人才培养，是当前社会发展和建设教育强国战略下的必然要求。当前辅导员教师队伍自身综合素养与时代发展要求、肩负的时代使

命还存在距离。

1. 个别高校辅导员理论学习不够，专业素养不足

高校辅导员队伍建设的目标就是"职业化""专业化"，辅导员岗位不仅十分重要，还具有特殊性。是否具有较高的专业化能力水平，是衡量高校辅导员队伍培养质量高低的重要指标。高校辅导员所具备的综合理论知识和自身的专业实践素养，不仅会对高校辅导员队伍建设的整体成效产生直接影响，还会从侧面影响到高校的教育教学质量和学校的办学理念及办学目标的实现。高校辅导员的专业素养主要包含思想政治素养、专业知识素养、实践能力素养等几个方面。

首先，马克思主义理论水平还不够高、能力素养不强。较高的马克思主义理论水平是高校辅导员必备的素质。如部分高校理工科辅导员，对马克思主义科学理论的掌握程度和实际运用水平不高，对党的理论和政策学习重视不够。部分高校辅导员的理想信念动摇，政治立场不坚定、政治观念相对淡漠，不能很好地坚持党性原则。部分辅导员的政治敏锐性、政治鉴别力不强和宗旨意识下降，导致其不能正确处理个人利益与国家、集体利益之间的关系。新形势下一些高校辅导员指导实践的能力不强，不能运用马克思主义的基本立场、观点和方法研究解决实际问题；谋划工作缺乏统筹观念、效益观念，对一些新情况新问题束手无策，缺乏处理工作矛盾和应对复杂局面的能力，工作方法简单生硬。高校辅导员自我发展的动力不足，职业化、专业化、专家化的发展不够。

从知识素养角度出发，个别高校辅导员只是熟悉自身所学的理论知识，很少涉及一些思想政治教育专业方面的有关理论知识。在实际工作中轻理论，并没有及时做好理论学习积累，如个别高校辅导员被分配到与本专业相去甚远的专业任职并开展工作，会因缺少相关知识储备而无法合理统筹安排相关课程和活动，从而影响组织管理工作效率。

其次，政治素养的培养缺乏主动性。由于高校的扩招，大学生人数不断攀升，高校辅导员所带的学生人数也在逐年递增，高校辅导员每天忙于处理大量的学生日常事务性工作，没有足够的时间和精力去学习高校辅导员所需的相关专业知识及党的相关理论。这也就会导致高校辅导员的政治素养难以得到提升，随着时间的推移就会导致高校辅导员的思想不能与时俱进，缺乏对最新的党的政策理

论的深入理解，不利于相关党务工作的顺利开展。

最后，从能力素养角度出发，没有把理论与实践很好地结合。如个别高校辅导员工作经验的积累，仅依赖于从现实问题处理中得来的直接经验，没有以指导工作开展的理论书籍中获取间接经验，使自身的专业化能力提升不够全面，未做好自身能力素养提升工作，从而导致辅导员开展高校学生思想政治工作的效率不高，也给高校辅导员队伍职业化、专业化发展带来挑战。

2. 个别高校辅导员专业基础不牢，缺乏工作经验

每一名高校辅导员的专业素养都各不相同，个别高校辅导员往往会缺乏全局意识，不能针对学生工作做好科学规划和合理思考，导致其在开展工作时感到无所适从，造成工作开展较困难的被动局面。

首先，时间安排不合理。个别辅导员工作方式还比较落后，管理方法也不够科学合理，缺乏系统、专业化的管理模式。在面对繁重复杂的学生管理等工作时，没有进行科学合理的计划，导致工作效率低下，影响高校辅导员队伍的专业化发展。

其次，在应对学生突发事件时表现出来的解决问题的能力不足。当前，个别高校辅导员是应届毕业的大学生，优势在于与年轻大学生之间的交流更加顺畅，但却缺乏工作经验，导致在开展学生工作时会存在一些短板。如专业理论基础不够扎实、工作经验相对不足、大局意识相对欠缺、处理突发事件时应急反应能力缺乏等问题。

最后，不注重经验积累。部分高校辅导员尤其是青年辅导员，每天都面对着繁杂的工作任务，缺少足够的时间去将处理问题后获取的经验总结成书面材料，不能够做到工作经验的及时积累，很难在头脑中形成牢固的知识库。虽然部分年轻的高校辅导员充满着对新工作的新鲜感和热情，很容易和学生们打成一片，但还未达到对学生人生规划进行指导的层面，由于缺乏扎实的专业基础和工作经验，为学生的未来做好规划依然存在着一定的难度。

第三节 高校辅导员教师人才培养存在问题的原因

为了能够切实有效地解决当前在高校辅导员教师人才培养中存在的这些问题，需要对上述问题进行深层次的剖析并探寻其存在的真实原因，以实现高校辅导员教师人才培养的提质增效。

一、国家政策和社会环境建设不完善

1. 国家政策未能全面有效地精准落实

当前，国家统筹规划了多种加强辅导员队伍建设的方针政策，但是在实际中一些方针政策并未能在部分高校、地区得到有效落实，从而影响高校辅导员教师人才队伍的建设。

首先，高校辅导员的社会地位没有得到相应保障，辅导员的身份与教师的身份区别对待。如在编制上和教师岗有所区别，在职业身份、学校认可度和社会地位等方面依然存在较大差距。

据统计，有很大一部分高校辅导员每天的工作时间超过了 10 个小时，其工作量虽然超出普通助教很多，但薪酬却与其差不多。其待遇与工作量不对等，客观上会使高校部分辅导员产生不平衡的心理。从而降低了高校辅导员工作的积极性，甚至会导致一部分高校辅导员不再专注于自身工作而是寻求机会转岗、跳槽转行，这将导致高校辅导员队伍稳定性不足，引发部分高校辅导员教师队伍出现人才流失。同时，将本职工作作为终生奋斗事业的高校辅导员，还会由于待遇和社会地位缺乏应有保障，滋生一些不利于辅导员成长的因素，长期的队伍流动和职业倦怠给高校辅导员的可持续发展带来了很大的阻力。

其次，部分高校对辅导员教师人才能力的培养重视不够。当前的教育体制下，教学和科研实力是高校之间竞争的主要方面，各个高校自然将教学和科研作为学校工作的重中之重，而辅导员培养工作则被摆在次要位置。

最后，高校对辅导员能力培养的重要性认识不足。一些高校并没有认识到辅导员作为大学生日常思想政治教育和管理的主力军，其队伍建设的好坏将直接影响大学生思想政治教育的成效和学校立德树人根本任务的成效。

2. 社会认可度不够高

当前高校辅导员队伍所获得的社会认可度并不够高，与高校普通专职任课教师相比，在人们的意识中客观上还存在差距。

高校辅导员普遍面临着巨大的职业压力，没有从事过辅导员职业的人，不能体会其中的辛酸，并可能还会对这一职业的工作压力和工作性质存在一定程度的误解。高校辅导员这个特殊的教师群体，真正需要得到更加客观公正的认识、理解与支持，从而帮助当前高校辅导员教师这一特殊群体更好地发展成长，用高尚的品德去影响学生，用崇高的人格去熏陶学生，用超人的智慧去启迪学生，用真实的情感去关爱学生。

二、高校辅导员教师队伍管理体系还不健全

当前还存在高校辅导员教师人才能力培养的政策不够完善、体系不够健全和管理不够合理的问题。当前对高校辅导员能力培养的各项政策，从上到下都在不断完善，但仍然不够科学合理，与地方院校的实际需求存在差距。如政策上对辅导员的流动导向与稳定导向协调不够，尤其是辅导员的转岗规定。这不利于激发高校辅导员的积极性、提升高校辅导员素质，不利于高校辅导员工作制度化、规范化和稳定化。应该加强管理体系建构的科学合理性，以便于用严格而不失人性化的政策落实好待遇措施，用政策、事业、前景、情怀等塑造、留住高校辅导员教师人才。

1. 高校辅导员队伍选聘机制不健全

部分高校在选聘辅导员时，标准和条件不断具体化、合理化。但有的高校选拔标准在实践中表现出原则性规定很多，而对实际的可操作性的规定却不足的现

象；缺乏具体的衡量德、能、勤、绩、廉的尺度和标准，难以在实践中选拔德才兼备的辅导员教师人才。

因此，部分高校在选聘辅导员的机制、标准和流程还不够全面，选聘机制还不够健全。在这种选聘机制下，高校辅导员虽然具备相关的专业知识，但也存在缺乏系统的思想政治教育的问题。如果不经过专业岗前培训，很难对学生的思想政治教育做到切实有效、入脑入心，最终将影响思想政治教育的效果和深度，从而对高校大学生思想政治工作和学生成长的实际产生一定的负面影响。同时，在这种主流的选聘机制和辅导员不稳定的状态下，高校辅导员的构成主体大多为硕士毕业生及以上学历，高校辅导员队伍普遍年轻化，在很大程度上没有形成老中青梯队建构，不符合人才成长和行业发展的规律。如经验丰富的老一代辅导员数量较少，其经验和教育资源不能很好地得到传承和发展，这也在一定程度上影响了高校辅导员队伍的整体建设水平。

2. 高校辅导员队伍考核评价、晋升机制不健全

目前，虽然相关部门对高校辅导员队伍培养投入了大量的人力、物力等资源，但是，晋升机制和培养机制缺乏一定的规范性、科学性、合理性。

首先，虽然国家有关规定指出，各大高校需要结合工作实际，严格按照各个学校统一的教师岗位构成比例来科学合理地设置高校辅导员职务岗位数量。但因为高校辅导员工作十分繁杂，任务重、工作量大，每天都要忙于处理学院内部和学校各处室下发的各种各样的学生事务工作；与普通教师相比没有条件将自己大量的精力用于教学和科研发展，没有足够数量的研究课题、学术论文等作为支撑；辅导员评职晋级的名额不多，这便导致由于高校辅导员的发展动力不足。

其次，部分高校辅导员的考评体系、业绩评估制度未能科学合理化。比如，标准过于笼统，缺乏细化与具体的衡量标准。另外，很多高校还没有建立起一支专业、公平、高效的绩效考评队伍，考评的工作人员也缺乏相关的专业知识与技能。考核方法上定性有余、定量不足，缺乏定量的测评标准，只以定性考评为主，这就造成考核缺乏科学性。这些都影响了辅导员的工作积极性和职业认同度，挫伤了辅导员的进取心。

再次，大多数高校没有针对高校辅导员队伍构建专门的晋升机制，尚未建立

具有针对性的辅导员培养发展制度。由于国家制定的加强高校辅导员队伍建设的方针政策在部分高校还没有得到精准落实，对于长时间从事高校辅导员工作的这部分教师群体没有明确保障，导致部分高校辅导员彷徨茫然，也使部分高校辅导员产生消极情绪，工作积极性逐渐下降，工作效率也大打折扣。

最后，辅导员经济待遇、职称待遇等政策有待进一步完善。目前，高校辅导员在职前、职后的成长过程中也有了系列的培训，以提升他们的综合素养。但是就目前的各高校对辅导员开展的职前、职中培训来看，还缺乏一套科学合理、协调持续的辅导员能力培养机制。

3. 高校辅导员队伍专业化培养体系还缺乏系统性、整体性

当前高校辅导员队伍专业化培养体系尚不健全，在整体建构上缺乏一定的科学性、持续性和实用性。

首先，高校辅导员教师队伍获得的培养机会比较少，培养平台比较单一。目前学校提供的基本上就是思想政治教育方面的专家讲座等，内容大多是以高校辅导员相关理论知识为主，缺少一些线下的多元化的实践培训活动。同时，高校辅导员队伍能够展示自我的舞台也相对较少，这在一定程度上会对高校辅导员队伍的高质量、专业化发展带来一定影响，也会在本质上影响到高校辅导员队伍对大学生的思想政治教育及学生管理工作。

其次，培养内容缺乏一定的系统性和全面性。辅导员自身繁杂的工作内容和工作的特殊性，导致针对高校辅导员培训内容的设置不够全面具体。这可能会导致在高校辅导员培训过程中，对于高校辅导员的培训不够全面和细致，也与辅导员日常工作实际联系不紧密，会给高校辅导员工作效率带来一定影响。此外，由于部分培训过于理论化、形式化而缺少实质性的考核内容，也会给高校辅导员实际工作效果造成不良影响。

最后，高校对辅导员培养成果的考核相对缺失。高校对于辅导员队伍培养后的评价形式相对单一、考核内容模糊，缺乏激励机制。在高校辅导员培养结束后，部分高校仅针对其培养成果简单地采取笔试或者报告考核的方法。在高校辅导员顺利通过文字考核以后，并没有持续将培训成果转化为实际工作能力。从整体性角度来看，高校缺乏对辅导员管理机制的整体把握，对高校辅导员培养成果

的考查也不够科学规范，从而影响高校辅导员队伍建设效果。

三、高校辅导员教师队伍自身建设力度不充分

1. 高校辅导员教师队伍主观能动性有待提高

高校辅导员自身发展的主观能动性，就是要在正确认识高校大学生思想政治工作和学生事务管理工作的重要性的基础上，主动积极地提升自己的综合能力，获得新的认知，来指导日常针对学生开展的思想政治教育和管理工作。

首先，高校辅导员是大学生思想政治教育系统中的重要因子，但是当前部分高校辅导员由于对所从事的工作缺乏新鲜感，没有了初到岗位的满腔热情，产生了一定的职业倦怠感，由此导致自身的主观能动性匮乏。其次，在实际工作中，高校辅导员繁杂的学生工作耗费了大量精力，加之需照顾家庭、小孩等，导致部分高校辅导员教师用于自我学习和进修发展的时间比较少，没时间和精力去接触学习新知识、新事物，只能出于应付的心态去处理当前的各项琐事。由于每天都面对着重复的任务，部分高校辅导员的身心健康也逐渐出现问题，这也就从侧面导致了高校辅导员缺乏工作积极性，主观能动性不足。最后，部分高校在辅导员队伍晋升和奖励方面缺乏有效机制，从而导致高校辅导员缺乏工作动力，不愿意主动创新工作方法和思路，经常运用一些比较固定老套的方法来解决问题，从而影响高校学生思想政治工作和管理工作水平。

2. 高校辅导员队伍创新意识有待加强

当代大学生随着时代的变迁及社会的转型，其思想观念日益多元化，这就对高校从事学生工作的辅导员也提出了新的挑战。

每一个学生都是一个独立的个体，每一个学生的问题都可能具有其特殊性，高校辅导员不能将已获得的经验生搬硬套拿出来去处理新出现的问题。这就需要"对症下药"，具体问题具体分析，提出有针对性的解决对策。但是，从当前高校辅导员工作实际情况来看，部分高校辅导员工作比较死板，过于强调"纸上谈兵"，重视现成的工作经验，这导致对学生问题的处理结果不尽如人意，工作效

率也得不到提高，更不利于工作经验的积累，导致学生思想政治工作过于模式化和低效化。

同时，辅导员长期工作在一个领域，会容易形成固定思维。高校辅导员要与时俱进，提高自身的创新意识，登高望远，不断地"充电"，这才能充分发挥高校辅导员队伍在学生思政和管理工作中的战斗堡垒作用。同时，要摒弃传统固化的理念，加强自身的创新意识、创新管理思维，紧跟时代的步伐，顺应时代潮流，这样才能培养出新时代高素质的综合性社会主义合格建设者和接班人。

3. 高校辅导员队伍工作经验有待丰富

以目前的情况来看，高校辅导员渐趋年轻化，有效有用的学生工作经验难以得到交流和传承。

如一些年轻的高校辅导员由于自身的工作经验不足，一时还不能够很好地适应从学生到教师的角色转变，造成短时间内开展学生事务管理工作的效果不是十分理想。而且由于许多高校招聘刚刚毕业的应届本科生或研究生来从事辅导员一职，应届毕业生大多数还是年轻人，工作经历和工作经验还不够丰富，人生阅历还相对不足。虽然新入职的部分辅导员在高校学习期间曾担任过学生干部，涉及学生的管理工作，但怎样有效完成身份角色的转变、怎样与学生更好地沟通交流、怎样科学有效地开展学生思想政治工作等，对于刚刚上任的年轻辅导员而言是迫切需要解决的问题。

同时，年轻的高校辅导员的实际处理能力和工作经验相对不足。尤其是对于一些特殊事件，如学生的心理或情感问题等，缺乏工作的前瞻性和敏感性，应对某些突发紧急事件时处理得也不够得心应手。高校辅导员教师在实际工作生活中，要主动寻求机会努力丰富发展自身的工作能力和工作经验，提升开展大学生思想政治工作的实际效果。辅导员工作要坚持以立德树人为核心，全面贯彻落实全国高校思政会议精神，不断推进自身专业化、科学化发展，争做"四有"好老师，为培养"又红又专"的新时代优秀人才贡献自己的力量。

第四节　高校辅导员教师人才培养的路径

新时代、新要求使高等教育辅导员教师的培养、发展也面临新的挑战和机遇，这对教育改革发展和教育环境提出了新的要求。当前高校教育对象的多元化需求、立德树人的办学根本任务和新时代复合型人才培养等时代要求，促使加强高校辅导员教师人才队伍建设刻不容缓。本章立足现实，探究有效解决比较突出的高校辅导员教师人才培养问题的途径，也立足未来，以发展的眼光深入分析加强高校辅导员队伍建设的路径，从而保障高校辅导员教师队伍的人才支撑体系，以加快推进高校辅导员队伍建设的健康、合理、科学、高效发展。

一、宏观层面：国家、社会主体的支持

1. 不断完善政策

为了更好地推进高校辅导员队伍专业化、职业化建设，国家和有关教育部门，出台下发了系列关于进一步加强高校辅导员队伍建设的实施意见、政策制度，在制度方面加大扶持力度，更好地推进高校辅导员队伍建设。

如《普通高等学校辅导员队伍建设规定》明确了辅导员的工作职责和工作内容。教育部也印发了《高等学校辅导员职业能力标准》，调整和完善了高校辅导员培养配置方案。党的十八大以来党和国家始终重视教师队伍建设，而高校辅导员也属于教师队伍的一员，所以国家要以改革为主线，坚持问题导向，努力为高校辅导员人才的培养做实事、办好事。

首先，单设序列，积极增强高校辅导员身份认同。国家应严格保障高校辅导员的编制问题，当高校辅导员转岗时，所占编制不能随人带走，空出的编制不能挪作他用，切实提升高校辅导员队伍的身份认同。其次，加大扶持力度，增加高校辅导员队伍专项补贴。教育相关部门可单独设立专项资金，表彰奖励具有突出

贡献和多年奋斗在工作一线的高校辅导员，并为高校辅导员的工作和生活等提供多方面的帮助。最后，采取"双线发展"的方式，以更好地促进激励高校辅导员队伍成长发展。"双线发展"，就是要在发展高校辅导员队伍专业技术的同时，提供晋升的顺畅渠道。在提升高校辅导员队伍专业技术的同时，还要统筹规划高校辅导员队伍成为干部队伍的一员。制定高校辅导员职务（职级）晋升细则，对于特别优秀且任职时间较长的一线专职辅导员，敢于打破常规，提高其所在岗位的职称级别和薪酬待遇等。

2. 整体上积极构建科学合理的培养内容

当前要造就大批适应新形势、新任务和新要求的高校辅导员教师人才队伍，关键在于促进其培养内容的优化，这需要构建立体化的高校辅导员培养内容体系。科学设置高校辅导员培训内容，是增强高校辅导员效果、提升高校辅导员素质的核心。高校辅导员人才培养应坚持从实际出发，针对解决现实问题，对培养内容进行科学定位。

首先，思想政治素养方面的培养。高校辅导员思想政治素质的培养包括三个方面：第一方面，政治素质的培养。高校辅导员要坚持正确的政治方向，即坚持建设中国特色社会主义；坚持正确的政治立场，即站在人民群众的立场上；树立正确的政治观点，即树立马克思主义的观点；严守党的纪律，即在思想、政治、行动上同党中央保持一致；具有较强的政治鉴别力，即在重大政治原则上保持政治上的清醒和坚定；具有较强的政治敏锐性，即善于从政治上观察、分析和处理问题。第二方面，马克思主义理论素质的培养。高校辅导员要掌握和运用马列主义理论及其中国化的理论成果，指导学生的思政工作和管理工作。第三方面，优秀道德品质的培养。主要包括政治道德、社会主义核心价值观、职业道德、社会公德和群体道德等。

其次，实践能力素养方面的培养。主要突出以下几个方面：组织管理能力、语言和文字表达能力、思想政治教育能力、协调沟通能力、危机处理能力、科学思维和研究能力、处理信息的能力。

再次，知识素养和心理素质方面的培养。高校辅导员知识素质的培养一方面应注意强化思想政治教育学、教育学、管理学以及青年心理学、心理咨询和生涯规划等方面的知识教育，另一方面应扩充外语使用和计算机网络信息化处理等应用性知识及其他知识。

最后，培养内容的有机整合。高校辅导员培养内容要具有针对性、实效性，就必须对培养内容进行有效整合。一是培养内容与培养需求相适应。依据培养需求设计培养内容，最大限度地满足辅导员教师具体需要。如当高校辅导员在心理咨询及生涯规划方面有需求时，可强化对高校辅导员心理咨询及生涯规划方面的培训。二是培养内容与培养层次相适应。一方面，不同的培养层次需要有不同的培养内容。培养内容要重点突出、层次分明，确保培养内容的深度和广度与接受培养的辅导员的能力相匹配。另一方面，各培养层次的培养内容，要做到前后衔接、相互关联，以保证培养内容的延续性和培养过程的完整性。比如，辅导员岗前培训的重点是对新任辅导员进行思想政治教育、学生工作相关政策及学生工作基本内容等方面的培训，以便辅导员能够较好地适应工作。辅导员日常培训重点是对在岗辅导员进行政治理论、学生工作业务、心理健康教育等方面的强化培训。同时，培养内容要与时俱进、不断更新，根据时代的发展和高校学生工作的发展而不断更新培训内容，不断为辅导员提供优质的工作理念和工作方法。

3. 积极构建现代化的培养、考评机制

高校辅导员教师人才的培养，要着眼于人的全面发展、持续发展和岗位需求，灌输终身学习的教育理念；以提供开放式服务为措施，以现代培训方法技术为手段，积极做到与时俱进、与时俱进。

首先，坚持传统教学方式与引入现代培养方法技术相结合、培养与课题研讨式培训相结合、集中脱产培养与在岗自学相结合。高校辅导员培养过程中，应采取自学、研讨、讲授和实地观摩等相结合的方式。校内教学与校外培训相结合，理论教学与现实问题研究及党性锻炼相结合。培养过程中应积极引入启发式教学、情景模拟、案例分析、对策研究、双向交流等方法，增强培训吸引力，提高培训效果。同时，坚持专职教师队伍与兼职教师队伍相结合。一方面应积极组织优秀教师到高校学习深造、到经济发达地区考察、挂职锻炼、参加中心工作等，提高学历层次，丰富实践经验。另一方面还要聘请不同类别、不同层级的专家学者和管理人员作为客座教授，实现社会培训资源共享，真正做到既要走出去又能

请进来。

其次，建立、完善高校辅导员培养的考评、考核体系。强化对主管单位、部门和高校的培养情况的考核。如采取计划调度、培养通报、年终检查等措施，对重点培训管理部门培训开展情况进行检查和考核。对培养的辅导员采取入学测试、定位管理、培养登记、档案管理、培用结合等措施。同时，还要坚持"不培训不上岗、不培训不任职、不培训不提拔"等高校辅导员教育培养的激励和约束机制。

4. 积极营造健康和谐的社会环境

随着网络技术的快速发展，社会群体发表的言论以及社会主流媒体的声音对于辅导员队伍的建设成效也具有较大的影响。网络时代的到来也促使社会主流媒体积极引导舆论的风向，倡导社会主旋律，积极有效地加强高校辅导员队伍的建设工作。

首先，社会主流媒体可以借助新媒体平台进行积极宣传。如相关公众号可以增设辅导员专栏，方便高校辅导员与学生之间的互动，这可以有效拉近彼此之间的距离，更便于高校辅导员之间进行良性的交流与互动，及时有效地把握高校辅导员队伍的最新思想动态。以此加大对高校辅导员队伍的正面、积极的宣传，营造和谐的社会氛围，促进高校辅导员教师人才的培养。

其次，社会主流媒体也可以发布一些贴近高校辅导员工作生活的话题，或者分享一些优秀辅导员的突出事迹。同时，还需加大宣传的力度，畅通网络交流机制。随着网络时代的迅猛发展，高校辅导员有更多的平台来表达自己的心声。他们可以借助多元化的网络平台获取关于高校辅导员队伍评价的真实声音。社会主流媒体可以充分发挥舆论宣传作用，凸显高校辅导员队伍的重要地位，让整个社会通过加强交流、增进了解，在潜移默化中接受有关高校辅导员队伍积极健康的思想舆论，减少或避免一些负面信息的传播。

最后，社会主流媒体还可以针对一些校园突发事件以及高校辅导员关注的社会热点问题，把握网络舆论动态。强化社会成员参与讨论，有针对性地对高校辅导员队伍进行积极健康的网络舆论教育和引导。这样才能有效地推进高校辅导员思想教育工作，传递正面、积极的网络信息，让社会的主流媒体对高校辅导员队伍有正确的、积极的观点和看法，从而形成正能量的思想，为高校辅导员队伍营造一个和谐的社会氛围。

二、微观层面：高校积极优化管理、培养机制

高校辅导员队伍的建设是高校教育工作的重要内容，必须要打造一支素质过硬、结构合理的复合型高校辅导员教师人才队伍，只有这样才能更好地促进高校思想政治工作的健康持续发展。

1. 畅通优化选聘管理机制，合理打造辅导员队伍

科学的管理机制是提升高校辅导员素质的重要保证。构建科学的管理机制，应注重优化高校辅导员的聘任机制、考核机制、激励机制、新陈代谢机制等。

（1）优化高校辅导员的选拔理念。选拔机制是高校辅导员管理的核心机制，用什么人、不用什么人，事关大学生思想政治工作成效。建立起科学的、合理的、有用的选拔机制，能为高校辅导员能力培养奠定坚实的基础。更新高校辅导员选拔的理念，树立程序保障、竞争择优理念。辅导员选拔实体性原则的落实，离不开科学程序的保障。如果不按规定的程序选拔任用辅导员，那么就有可能保证不了选人用人的质量。在高校辅导员选拔任用过程中，切实做到按照程序逐一筛选。竞争是指用统一的规则和标准，保障参与者都能平等地展示自身才能和优势。同时，还要树立竞争择优理念，这就要求在选拔任用高校辅导员时，彻底打破"论资排辈""平衡照顾"的观念，在坚持公开、平等、竞争、择优原则的前提下，尽量简化手续，减少不必要的投入，真正把最擅长、最愿意做辅导员的教师人才选拔出来。

（2）不断完善高校辅导员选拔的原则、标准和方式。高校辅导员选拔的原则和标准是辅导员人才培养的基础，将政治性原则、专业性原则和科学性原则相结合，切实按照德才兼备的标准进行选择。

第一，坚持政治性原则，要注重对高校辅导员政治立场、政治观点、政治敏锐性及政治辨别力等方面的考察。专业性原则，主要指在选拔辅导员时，注重考查其专业理论知识、专业实践能力等综合运用情况。科学性原则，主要指在选拔

高校辅导员时应考虑整体性和协调性，必须符合高校辅导员选拔任用总体目标要求。科学性原则，主要是指实现高校辅导员选拔的民主化、科学化、制度化和法治化。"公开、平等、竞争、择优"原则，是选人用人富有生机活力的要求，也是建立健全高校辅导员选拔任用机制所必须遵循的重要原则。

第二，重视高校辅导员的思想政治素质标准。思想政治素质是高校辅导员基本素质中最重要的素质，它体现了高校辅导员教师的党性修养、思想道德和精神品质。同时，还要重视高校辅导员的理论文化知识的储备，关键是注重高校辅导员教师对这些掌握的知识的实际应用能力，即要有真才实学，又要防止"泡沫学历、纸上谈兵、眼高手低"等现象。

第三，创新和完善公开选拔的方式、方法。这对于提升高校辅导员教师选拔的科学性和高效性具有重要作用。比如，考核制，即学校组织学工、人事、组织等部门联合参与，面向社会公开选拔辅导员。聘任制，即高校通过契约确定与高校辅导员关系的一种任用方式。当前较为常规的做法是由高校自主采取招聘或竞聘的方法，经过资格审查和全面考核后，由高校与确定的聘任人选签订聘书，明确双方的权利义务关系和受聘人员职责、待遇、聘任期等。选任制，即学校根据自身发展要求，直接单独确定考察人选和使用对象。

（3）在高校辅导员的选聘中应该严格把关。通过相关的入门考试，按照"政治过硬、业务熟练、热爱教育、关爱学生"的标准选拔人才，坚持"素质至上、宁缺毋滥"的原则，尽量要求高学历、高素质。完善选聘机制，拟订科学规范的选聘标准，建构科学规范的机制和程序予以落实和保障，达成准入机制的科学性和规范性。还要求辅导员具有较高的政治觉悟，坚决拥护党中央的各项方针、政策，能坚决维护国家利益，对工作有热情，具有较强的组织能力和表达能力等。

同时，严格规范公开招聘过程中的每一个环节，坚持科学严谨的态度，选拔和聘用综合素质高的应聘者作为辅导员教师。可以邀请学院优秀辅导员代表参加选拔和评估工作，从而选取政治理论素养高、洞察力敏锐、语言表达能力强、具有敬业精神的高素质应聘者到辅导员教师这个岗位上。

最后，应该突出高校辅导员教师对大学生成长成才的人文关怀和价值引领功能。积极构建以学生全面持续发展为中心的教育管理服务考核体系，在选聘原则、选聘方式、选聘内容、选聘体系上突出高校辅导员工作特色，切实将具有责任心和奉献意识的优秀人才选聘到这个岗位上，并将他们纳入人才培养计划和后备干部队伍进行储备。

2. 优化高校辅导员的考核评价机制，公平、公正、公开地评价高校辅导员

高校辅导员教师人才培养，离不开建立公开、立体、动态、客观和科学合理的常态化的高校辅导员考核机制，这是提高辅导员教师人才培养成效和选好用好辅导员的重要基础和前提。

（1）制定科学合理的高校辅导员考核标准和内容。一是对高校辅导员的思想政治素质进行考核，尤其注重通过考核高校辅导员教师的师德师风来把握高校辅导员的思想政治素质。考核高校辅导员是否拥有共产主义远大理想、是否坚持正确的政治方向、是否坚持贯彻执行党的基本路线和各项方针政策、是否坚持与党中央保持一致、是否实践全心全意为人民服务的宗旨、能否发扬艰苦奋斗的优良传统和保持良好的生活作风等。二是对高校辅导员教师常规的业务知识、工作能力和工作绩效进行考核。主要包括运用马克思主义的立场、观点和方法分析、研究、解决实际问题的能力和成效，如组织协调、科学决策、开拓创新等实践能力。同时，对其工作量、质量、效益和贡献等方面进行考核，善于具体问题具体分析，判断高校辅导员的理论知识和实践工作成效，客观地判断高校辅导员在特定的环境中，其主观努力的具体表现和取得的成绩。将高校辅导员理论学习和业务学习进行单独考核，以观察高校辅导员参加学习的自觉性、主动性。

（2）制定科学合理的高校辅导员考核程序和方法。高校辅导员考核流程是指高校辅导员考核工作所遵循的步骤及主要环节，是准确识别高校辅导员、提高工作效率、保证考核工作有秩序进行的规范要求。一是做好考核准备工作。考核组应根据高校辅导员教师的岗位及拟任职务的特点和要求，本着熟悉业务、结构合理的原则，确定考核人员，搞好人员搭配。制定考核工作方案，考核方案应包括考核目的、考核任务、考核内容、考核方法、考核步骤以及有关要求等内容。二是深入了解。可以通过个别谈话、发放征求意见表、民主测评、实地考核、查阅资料、专项调查、同考核对象面谈等方法广泛深入地了解情况。这是高校辅导员考核工作的主要阶段，直接影响辅导员教师人才考核评价的结果。这也是掌握

高校辅导员的素质、工作表现和民意情况的主要步骤，可以准确地把握高校辅导员的全面情况，形成初步的印象和概念，为综合评价鉴定高校辅导员做好准备。同时，对获取的信息进行系统分析、判断和研究，在此基础上对高校辅导员做出客观科学的评价，形成书面考核材料。

通过制定和完善高校辅导员考核内容、考核程序、考核方法，才能客观准确地把握高校辅导员素养的实际状况，从而掌握高校辅导员教师队伍工作和能力的第一手资料，以此为基础不断推动高校辅导员教师人才的培养工作。

3. 优化高校辅导员教师人才培养的激励、竞争机制

高校辅导员教师人才培养的激励机制，就是要通过外在的因素来推动辅导员教师勇于不断革新自我、发展自我，激发高校辅导员提高素质的主观能动性。

（1）坚持原则。一是坚持物质激励与精神激励相结合的原则。将物质需求和精神需求有机结合，才能对辅导员的成长产生教育性、激励性、调节性和增长性的作用。坚持奖励与惩罚相结合的原则，在对高校辅导员进行激励的过程中，真正做到奖惩分明。二是内部激励与外部激励相结合的原则。内因是事物发展的根本因素，外在激励是事物发展的诱导因素。这是激发高校辅导员内在动机的前提条件，外因要通过内因来起作用。内激励是基础和先导，外激励是保障是条件，只有通过两者的互促、互动，才能实现激励作用。三是坚持整体激励与个性激励相结合原则。在高校辅导员管理中，要针对辅导员个体差异等特点，有的放矢地实施个性激励。在统一激励的目标下，不能忽略辅导员教师的个性特征，促使个体在个性激励的引导下朝着统一的方向迈进。

（2）实施基本措施。一是完善激励规则，注重激励规则的规范性、科学性。这就要充分运用激励理论，制定科学合理的激励晋升机制，有效地激发高校辅导员的内在动力。注重激励规则的系统性、整体性、明确性和实际可操作性。规范激励机制的运作，重点应当规范高校辅导员教师的晋升和考核等显性激励，扩大民主参与机制，并做到规范化和制度化。对高校辅导员的选举晋升应实行"公示考核、公布考绩、较大差额"三结合的制度。二是规范考核运作，实行目标考核责任制。根据岗位职责，制定科学的考核指标体系，按照考核标准体系对高校辅导员进行考核，使考核激励更具客观性和科学性。三是高校还要积极营造鼓励竞

争的氛围。通过在学校不断培育和强化高校辅导员的竞争观念，大力开展辅导员的竞争活动，大力宣传校园辅导员教师的榜样作用，使高校辅导员在实践中能够真正体会竞争、参与竞争、感受竞争。创新多种竞争激励形式，给高校辅导员教师的管理工作不断注入新的动力，提升高校辅导员的竞争意识，从而不断提高辅导员的综合素质。

（3）高校应建构科学、规范、合理的高校辅导员晋升机制。一是要畅通高校辅导员职级职称晋升绿色通道。根据高校辅导员任职年限及实际工作表现，参照学校管理岗位职员职级晋升规定，单列计划、单独评聘，搭建多元化平台，畅通晋升渠道，将高素质的优秀辅导员教师选拔为党的后备干部进行培养，定期做好高校辅导员职级职称晋升工作。二是高校辅导员教师评聘思政专项教师职称的指标名额单列、评定的条件单设，注重考核实际工作成果和业务能力。拓宽高校辅导员职业发展多元化通道，在满足一定条件后，高校辅导员有机会转到教学科研或专职管理岗位，实现高校辅导员队伍和专职科任教师的良好内部循环及持续发展。

（4）扎实推进高校辅导员培育工程。这就要明确培育目标，保障培养经费，完善协同机制，定期考核验收，积极发挥示范引领作用。开展高校辅导员"一人一特色"亮点工程，设立专项扶持资金，着力打造高校辅导员思想政治工作精品项目。当前随着中国特色社会主义建设进入新时代，高校辅导员教师人才的培养也要实现时代化、专业化、规范化和科学化发展。这要求高校辅导员充分发挥主观能动性，增强职业认同感。

4. 健全辅导员的培训机制，提升其专业能力和专业素养

当前高校辅导员队伍的专业素养主要由知识素养、能力素养和道德素养等构成。推进高校辅导员队伍专业化发展是新时代高校辅导员教师队伍建设的内在要求，有利于更好地激发高校辅导员队伍的工作积极性，提升其工作价值。

首先，为了更好地提升高校辅导员的知识素养，可以开展高校辅导员教师的知识素养综合提升项目。按照"职业化、专业化、专家化"辅导员队伍建设标准，营造高校辅导员全员努力提升自己专业素养的良好氛围，加强对高校辅导员的理论知识教育，丰富高校辅导员在实际工作中所需的业务知识。尤其是针对高

校辅导员队伍，开展关于马克思主义哲学、政治学、心理学、管理学、伦理学、法学等学科的基本原理和相关理论培训，不断提升其知识素养，使其具有良好的知识储备，为开展管理工作打下坚实的基础。

其次，为了更好地提升高校辅导员的能力素养，可以搭建高校辅导员专项培训平台，利用该平台开展高校辅导员素质能力提升、心理健康教育、职业发展教育等工作，有效培养高校辅导员较强的管理组织能力、沟通表达能力等。还可以增加高校辅导员培养机会，更好地提升高校辅导员队伍的能力素养。如多举办一些辅导员知识讲座、辅导员技能大赛等，完善多种多样的高校辅导员培训机制，丰富高校辅导员培训环境，鼓励辅导员考取与学生事务工作密切相关的资格证书等。

最后，为了更好地提升高校辅导员的道德素养，可以通过辅导员知识讲座或主题演讲等活动形式，加强高校辅导员对思想政治教育的重视。对于表现突出的高校辅导员教师进行奖励和表彰，从而不断提高高校辅导员教师队伍的道德品质，以促使高校辅导员教师提升思想政治觉悟，拥有更扎实的理论基础和更强的开展学生工作的能力，切实践行身正为范的师道原则，更好地发挥教师的榜样作用。

三、个体层面：辅导员自我的积极建构

当代高校辅导员教师要深知肩负的使命神圣，要切实做好高校学生的思想政治工作和管理工作，全面落实立德树人的根本任务。这就要求各个辅导员教师能够主动发展、积极发展、善于发展自我，从自己和学校的实际情况出发，积极地进行自我综合素养的提升。

1. 善于激发辅导员的主观能动性

高校辅导员教师应秉持"为他人工作的同时，也是为自己工作"这一思想理念，充分发挥自身的主观能动性；热爱辅导员这份职业，竭尽全力为学生做好服务，助力学生成长，在积极担当中坚守好自己的岗位，突破自我。

首先，高校辅导员要增强专业化发展的自觉性和内生动力。这就要通过积极

的自我调整、自主规划、自主提升，激发工作积极性，以学生为中心，积极主动发声，做好大学生的思想引领工作。其次，高校辅导员要明白自身的工作方式方法是以学生健康成长为根本的，要将学生的合理需求视作工作的头等大事，平时多和学生进行沟通交流，将自身定义为高校人才队伍的重要组成部分，成为学生成长过程中的人生导师和知心朋友。同时，将立德树人作为工作的首要准则，不辞劳苦、甘于奉献，以服务学生为荣，发自内心地热爱这份光荣的职业，愿意为辅导员这份工作奋斗一生，促进学生的发展。最后，高校辅导员教师应认识到，自己在高校开展学生思想政治工作中起着至关重要的作用，要懂得爱岗敬业，把自己的事业作为神圣光荣的事业来看待，要把高校辅导员工作当终身事业，从本职岗位做起，一丝不苟、勤勤恳恳。高校辅导员要矢志不移、目标集中地发挥自身的作用，科学高效地开展学生工作，充分发挥主观能动性，更好地培养出符合新时代需要的复合型人才。

2. 辅导员教师要不断强化自我发展、自我创新意识

高校辅导员要想成为大学生创新环境的创造者、大学生创新意识的重要培养者，就必须发展自身的创新意识和创新能力。高校辅导员要结合新时代意识形态工作的特点确立创新态度，强化创新意识，用创新思维打破思维定式，创新工作方法；既重视自己的思想和管理的创新，也重视内容、方法的创新，并能对大学生思想政治工作中出现的问题作出具有时代性的解答，以提高思想政治工作效果。

首先，高校辅导员要创新工作理念。随着新时代的到来，高校辅导员要顺应时代发展，增强新媒体意识，利用大数据技术，更加全面、多元地了解当代大学生的真实思想状况，还要不断更新与创新育人观念，发挥奋发向上、勇于担当的精神，第一时间获取学生的思想动态，以便有效提升大学生思想政治工作时效性。

其次，高校辅导员要不断创新工作方法和内容。对于高校辅导员来说，高校思想政治工作方式方法不能墨守成规、一成不变，需要与时俱进。紧跟时代发展的潮流，确保学生思想政治工作的顺利进行。高校辅导员要有效地运用新媒体以及科技技术，让学生充分理解习近平新时代中国特色社会主义思想，为学生讲解

新媒体视域下的各种思想道德问题和社会热点等。同时，高校辅导员的工作方法要不断创新，这可以结合当前的社会热点来进行，以各种社会发展现实情况为出发点，指导学生养成良好的道德修养，培养学生良好的道德品质。

最后，高校辅导员要注重培养创新意识，培养创造性和批判性思维。高校辅导员应具有批判性思维，要重视创新意识的培养。高校辅导员的创新思维培养重在从宏观的管理角度把握高校思想政治工作，充分发挥辅导员在高校思想政治工作中的作用。特别是要以习近平新时代中国特色社会主义思想为理论指导，提升高校辅导员思想政治素养，弘扬社会主旋律，不断创新思想政治工作思路与方法，切实提高思想政治教育和价值引领的针对性、实效性。

3. 高校辅导员教师要努力完善、提升自己的专业化时代特色素养

高校辅导员是一个特殊而神圣的岗位，新时代复杂多变的社会环境要求高校辅导员既要有较高的理论素养，还要有较强的业务本领和专业技能，更好地为学生成长成才服务。要想真正做好高校辅导员工作，就要不断加强理论学习，努力提升自身专业化能力和水平。

首先，高校辅导员要从多维度、多层次丰富自身的理论知识，如政治学、心理学、管理学等相关知识，不断进行"充电"。除了学习一些专业知识外，还应该掌握一些其他方面的业余知识以丰富自己的精神世界。

其次，高校辅导员要主动努力提高自身的政治素养。高校辅导员的首要职责是开展思想政治教育，主要任务是完成高校立德树人任务。理论上清醒，政治上才能坚定。高校辅导员必须具备一定的马克思主义理论基础，全面了解党的路线、方针和政策，以习近平新时代中国特色社会主义思想武装自己。从新时代中国特色社会主义先进文化和优秀的传统文化中汲取养分，涵养自身的文化品格，并学会运用思想政治教育的基本理论方法分析问题，学深悟透、融会贯通，不断强化自身理论学习，提高专业化能力水平。通过自己的政治立场来引导、教育和影响学生，促使学生筑牢信仰的基石，把稳思想的船舵，提高政治站位，坚定实现中华民族伟大复兴的理想信念，努力成为新时代砥砺奋斗的追梦人。

最后，高校辅导员要提升自身的能力素养尤其是处理突发事件的能力。高校辅导员队伍是学校党政干部的后备人才库，要结合学生工作实际，不断提高自身

能力素养，以立德树人之心呵护学生成长成才。而基于高校辅导员的工作性质和工作对象的诉求，高校辅导员在实际工作中会面临各种各样的突发性事件。因此，培养处理突发事件的能力更是重中之重。

在遇到突发情况时，高校辅导员教师要能够沉着冷静地根据掌握的信息对突发事件进行初步分析，准确分析事态起因，做好充足的准备以应对突发的意外事件。同时，保持积极乐观的信念，协调好各个部门迅速妥善处理应急事件，并能熟练利用相关理论做好公共危机处理，时刻关注危机事件的发展动态，控制事件局面，并做好后续追踪工作，以实际行动守初心、担使命，最大限度地降低危害带来的影响。

当前，高校辅导员教师人才培养工作，面临新的时代要求。高校辅导员教师在学生健康成长成才中发挥着重要的作用，为推进高校辅导员教师职业生涯的持续健康发展和不断提升学生培养质量，以科学性和持续性的发展战略眼光来统筹规划高校辅导员队伍建设十分关键。各个培养主体要为保证高校辅导员队伍可持续健康发展创造一切有利条件、积极搭建多元化发展平台，并集中力量为高校辅导员教师人才队伍建设提供切实可行的保障措施，全面加强高校辅导员教师人才队伍的创新培养和建设。

第七章　当代学校教师人才的社会教育能力培养

　　《中国教育现代化 2035》提出推进教育现代化的十大战略任务，其中指明了要推动各级教育高水平高质量普及，全面扩大人民群众受教育机会，同时，要实现基本公共教育服务均等化，努力让全体人民享有更公平的教育。构建服务全民的终身学习体系，加快建设学习型社会是教育现代化的迫切要求。学校教师队伍参与社会教育具有很强的现实意义，教师人才队伍的社会教育能力培养是推进教育强国战略的重要支撑。

　　当前处于中国特色社会主义现代化建设的新阶段，国内社会的主要矛盾已经转化为人民日益增长的美好生活需要和不平衡不充分的发展之间的矛盾。人民对美好生活的需要和憧憬，不仅体现在对物质生活的追求上，还体现在对精神文明的追求上，其中，对受教育的要求也越来越高。但如果仅局限于学校教育和家庭教育，则无法实现目标，还需大力发展社会教育。因此，针对当前社会教育发展的现状，学校广大教师队伍要走出校园，积极参与社会教育活动。

　　学校教育、社会教育和家庭教育，是当前三大教育形式。当前学校教师的社会教育功能定位已经发生改变，社会教育已不再是校内教育的补充或者发展，而是与学校教育和家庭教育并行、协同发展的教育形式之一。教师人才队伍不仅要胜任学校教育的发展，还要能满足社会教育的要求。因此，大力培养教师人才的社会教育能力，符合当代社会发展对教师职业素养的要求，对建成中国式现代化和教育强国具有重大的意义。

第一节　当代教师参加社会教育的现状和价值意蕴

当前利用学校教师的力量开展社会教育活动是最直接、最有效的提升社会教育水平的方式。

社会教育专门人才的培养是促使社会教育成功的关键。"事业的成功依赖人的努力"，推行社会教育，经费是基础，人才是关键，"无经费无以举办，无人才无以推行"。社会教育是努力谋求社会全民资质提升的一种新兴教育事业。社会教育的范围既广，又无成规可循，因此施教的方式与学校教育不同。

一、学校教师队伍参与社会教育的现状

从学校教师工作的职业角度来看，教师工作的发展，越来越指向规范化、专业化的价值取向。那么学校教师作为社会教育质量提升的一个重要参与主体，其指导社会教育的工作也就必然指向专业化、标准化的方向。但是，现阶段学校教师参与社会教育的意愿不强，其对于需要具备的专业素养能力的提升意识还不够，偶尔参与社教活动也浮于表面，社会教育情怀薄弱，严重影响了学校教师对社会教育的指导作用。

1. 对社会开放教育的支持力度不够

学校缺乏与社会教育的沟通、协调，长期形成的"关门办学"教育理念是教师、学校参与社会教育最大的思想观念障碍。传统的观念认为，学校教师就应该在学校教导学生。学校参与社会实践，教师参加社会服务，这些偶然性的公益服务活动缺乏系统性。

在传统认识中，学校的教育对象是本校的学生，以学制内儿童、青少年为主，其目的是培养和选拔人才。如果学校面向社会开放教育资源，教师除了完成校内教学任务外，还要承担社会教育的责任，会额外增加学校和学校教师的负

担，还会影响到学校的教学质量、教师的身心健康和家庭关系等。同时，也有人认为，参加社会教育是公益性活动，其主体应该是政府和村社区、居委会等。学校参与、开展社会教育活动不能创收，还要花钱，甚至是自找麻烦，费力不讨好。但学校和教师应该主动参与推进全民社会教育事业的发展，教师的教育对象也不应该局限于本校教室内的儿童、青少年学生，学校、学校教师应该面向社会开放教育资源，教师积极参与社会教育活动，这既可以促进社会教育发展，又可以提升教师的社会教育能力。

学校对社会开放教育的力度不够，开放内容、形式单一。无论是高等院校还是中小学，仅在周末时间开放，很多学校都是校门紧闭，社会人员不得进入学校，更不用说使用其教育资源。从相关数据来看，学校对社会开放使用的，大多是高等院校，但仅限于体育设施、体育馆、体育场所和体育器材的使用，而图书馆、博物馆的开放基本是处于停滞状态；在开放活动内容上，也是以参观、阅览、自习、听讲解、参与体育活动等为主。

另外，社会教育影响力不足、吸引力不强，加之优质教育资源难以在学校教育和社会教育之间实现均衡配置，导致高效、有序和高质的社会教育难以推进。因此，要让学校领导理解学校及其教师参与社会教育的必要性、可行性和重要意义。学校必须进行相应宣传，提高开放教育水平。

2. 学校和教师参与的主动性、积极性缺失

当前社会教育队伍建设滞后，总量不足，水平不高，大多数是临时或则兼职，人员基本由退休的老同志组成，已不能满足社会发展对教育的需求。由于政府、学校和社会沟通不够，主要还是依赖于一些城镇建设的公共资源设施设备，作为传递社会教育功能的主要阵地和工具。而学校、教师的参与则具有个别性、片段性和独立性等特点，没有持续性和整体性。教师专业发展意识不强，导致认知能力不足。目前，部分教师缺乏自我发展的意识和思维方式，把自身的专业发展寄托于学校内部，而缺乏服务社会教育发展的意识，将自己的发展脱离于基层群众、脱离于最贴近群众的社会教育之外。教师开展学校教学工作之外的社会教育指导工作，不仅需要付出更多时间和精力，还意味着教师在面临未知的教育挑战时，需要承担更多的责任和压力。加之，部分教师的教育情怀薄弱，导致社会

教育内在动力缺失。

3. 参与机制不健全，缺少制度激励和约束

当前学校和个别教师开展的社会教育活动都是自发行为，缺少政府层面的统一制定的机制，相关政策落实不到位。

从实际情况来看，学校在与社区合作开展教育活动中，还没有建立较为明确的沟通协调和管理机制等。大多数学校与地方政府和社区合作，都是临时性的一事一议的方式，还未建立相对稳定的合作机制。学校和教师参与社会教育具有公益性，但缺少制度的约束和相关政策引导。学校向社区及群众提供优质教育资源，包括活动场地、硬件设施、数字资源和教师人力资源等均是无偿提供；教师的课时费及教学设施的维护成本，均由学校和教师自行承担，这也在一定程度上影响了学校和教师参与社会教育的积极性。

4. 学校教师针对社会教育能力培养，缺乏科学合理的计划安排

从事社会教育的大部分教师，只具备基础的相关专业知识，社教活动中横向交流联系不多、外出学习机会少，其观念主要停留在传娱乐式、随意性的教育教学方式上。他们设计社会教育课程并实施的能力，尤其是使用现代化教学手段的能力还很欠缺。

首先，教师培训缺乏系统、长期专门的规划，从事社会教育教师的培训工作存在诸多不足。对教师培训缺乏系统长期规划，培训制度不健全，培训内容和要求随意性较大，也没有专门的对应的培训机构，常常是临时性的组织，小范围地开展一些常识性的基本生活知识技能传递活动，专业性不够。培训过程中缺乏与外界的交流与融合，缺乏经验的积累和创新；部分培训内容缺乏社会教育课程特点，针对性不强，实用性也差。

其次，学校与社区的资源整合不足、协调统一不够。学校教育资源的服务主体是校内学生，而社区以城乡村社区居民为主，只有将二者进行深入的整合利用，才能更好地发挥出二者的优势。社区在开展治理的过程中很容易忽视对辖区教育资源的合理利用，学校和教师在学校开展教学管理活动时，也常常忽略了对社区资源的合理开发。学校积极与社区进行学习交流，不仅可以促进学校教育和

社会教育的发展，更有利于提高社区的综合治理成效。

城乡居民缺少积极性，自身学习能力不足，生活繁杂事务太多。部分城乡地区对于社会教育没有明确的概念，导致社会教育还处于停滞状态。另外，由于政府管理的主导性，社会教育活动对当地政府部门有较强的依赖性。大多数群众认为开展教育提升自我，还是要靠政府安排，而自身没有主动性。这也导致了城乡居民的主体意识薄弱，对于社会教育没有参与感，积极性较低，不愿意主动参与到社教活动中来。

二、学校教师队伍参与社会教育的价值意蕴

学校教师开展社会教育有助于全民素质的提高、推进社会发展和社会治理，有助于辅助解决各种青少年的社会问题与矛盾，促进全民受教育机会的均等与公平，指导家庭教育和弥补学校教育的不足，更有助于广大教师队伍自身能力的发展。教师要切实改变重理论轻实践、重知识传授而忽略实践能力培养的理念，从而创新实践育人的路径，积极整合社会各方面资源，全社会形成实践育人合力，努力开创教师育人工作实践的新路径、新局面，切实推动全民教育、终身教育和公平教育目标的实现。

1. 有助于提升教师的素质，促进其自身的发展

新时代教师队伍更需树立坚定的理想和信念，培养综合实践能力，不断拓展兴趣和特长，以形成良好的道德品质和职业素养，适应当前社会教育发展对教师人才队伍的要求。广大学校及教师参与社会教育，可以丰富学校建设的内容，增强学校发展的深度和广度，更符合办人民满意教育目标的要求。

学校教师在开展社会教育实践活动中，可以发挥学校教师群体的专业作用，促进学校整体的改革与发展。在服务社会的同时，坚持自身的发展与生产劳动实践相结合的道路，这也是不断开发自己潜能，锻炼自己的重要路径。一方面扩充教育的实践广度，为学校教师的教学和科研提供实践的天地，充实教师的教学和科研内容；另一方面通过社会教育实践，扩大学校的影响力、知名度，促进与社会的联系和合作，是一个"双赢"的过程。

2. 有助于提高群众的综合素质，有效实现教育公平发展和终身教育的目标

社会教育内容广泛，主要涵盖了思想教育、素质教育、创新教育、生存生计教育和心理辅导等内容。作为专业的教育工作者，教师掌握系统的教育理论、教育教学方法、丰富的知识，能够了解不同学生群体的发展特点、明确课程学习的进度和要求，从而因材施教，这是教师承担社会教育指导工作的优势。社会教育者以优质的公共服务教育内容，满足社会不同层次受教育人群的需求，解决了群众对社会教育内容多样化的需求，对提升广大居民的整体文化素质、提高居民生活水平和促进城乡社会持续均衡发展具有重要意义。

社会教育是实现终身教育和教育公平的重要形式，是当前我国实现全民学习的重要平台。当前我国城乡发展差异逐渐扩大，尤其是文化水平的差距扩大，这是制约城乡经济协调、统筹发展的重要因素，不利于我国的经济、社会和文化的稳定发展。如乡村社区的老年人文化程度相对较低，开展社会教育活动可以让这些老年人的生活更加丰富，真正践行"活到老，学到老"这句话，有助于维护社区的和谐稳定。教育公平是当前教育发展的重要目标，也是社会公平在教育领域的体现。

3. 有助于城乡及家庭教育的发展

教师开展的社会教育指导，其教育内容设计可精准满足教育对象的个性化需求。教师通过传播先进的、科学的教育理念和实用技能，增强群众的教育意识和综合能力。同时，教师开展广泛的社会教育指导可促进优质教育资源共享，为城乡均衡优质教育发展提供重要的渠道。教师借助现代化教育技术及信息化资源平台对家庭教育进行指导，打破广大家长的学习空间、时间和内容的限制。

4. 有助于提升群众治理水平

建设中国式现代化，物质文明和精神文明的协同发展是必然要求。我国仍然要加大力推动社会教育，针对不同人群开展具有针对性的教育扶持活动，扩大教育的普及普惠的范围，尽可能让每一位群众都能享受社会发展带来的成果，从而能够不断缩小城乡之间的教育文化差距，推动村社、居委会的自治水平和城乡建

设的和谐发展。

社会教育更具有全员性、全面性的特点，参与面广、形式灵活。教师在组织社会教育活动过程中，深入群众之中，了解他们真实的学习需求，充分利用丰富的教育资源推动社会教育活动的有效开展，提高群众的综合素质，有利于实现社区和乡村的高质量治理。社会教育活动也为丰富城乡社区治理的途径和提升治理的水平，提供了有力的保障。对于个人来说要想实现全面发展除了有丰富的物质生活外，充足的精神生活也是必不可少的。社区中的居民繁多，人员较密集，通过开展社区教育可以有效避免居民之间可能发生的矛盾，维持社区的良好秩序。同时，还可以推动社区全体成员的整体素质和文明程度的提高，实现社区的和谐稳定。

学校教师积极参与社会教育活动，还需要逐步完善系列的规章制度，利用教育活动等来维护居民的利益、协调群众之间的关系，使居民和谐相处，进一步促进社区的稳定发展。但目前，有部分群众对于社会教育的重要意义还不能完全理解和有明确的认知。应该加大对群众参与治理的宣传，提升他们参与的积极性。通过开展一系列的活动使群众明确自身的重要性，明确自己是社会教育的主体，主动参与到教育活动中来。社会教育通过丰富多样的形式活动加强居民之间的沟通交流，提升居民的参与感，在潜移默化中达到引领思想、积聚精神力量的目的，从而在社会教育活动中不断提升社区群众的凝聚力，促进和谐相处，不仅有助于社区的稳定发展，还能发挥社区治理效益，提升居民的文化素养和幸福感。

第二节　学校教师参与社会教育能力培养的理论基础

在马克思主义教育理论指导下，学校教师队伍培养社会教育实践能力，并积极参与到社教活动中是一个"双赢"的过程。一方面教师队伍参与丰富了社会教育活动的教师主体，提高了社会教育的功效，推进了全民教育的发展等。另一方面社会教育也推进了教师的职业素养的不断提高，包括教师的政治素养、职业道德、职业技能、职业行为和职业作风等。社会教育是推进全民终身教育和实现教育公平的重要途径之一，更是教育强国战略的重要内容。

人的全面发展包括人的需要、人的活动及能力、人的社会关系和人的个性的全面发展。学校老师兼职从事社会教育工作，开展社会教育活动，需要不断提高自己的理论素养、扩大知识储备，更要提升自己的实践能力。马克思和恩格斯的社会教育思想，正是当前社会教育开展的理论先导。这里不进行详细阐述。

第三节　学校教师社会教育能力培养的路径

学校广大教师队伍利用自身从事教育职业的优势属性，积极投入社会开展社会教育活动，这是社会服务、实践育人和满足公益需求的重要体现。广大教师队伍工作之余开展社会教育活动，最大的优势是可以依托学校这个最丰富、最便利的教育资源，以及利用自身拥有的人力资源、设施设备资源和科研学术成果资源，从而有目的、有组织地履行社会公共服务的职能，积极推进国家提出的全民教育、终身教育和教育公平的理念，建设学习型社会。

目前，由于对社会教育的从业者的分类标准不一，呈现的结果也就不一样。如果以社会教育机构为标准进行分类，主要有三类：一是专门社会教育机构中的社会教育者，二是兼办社会教育的学校中的社会教育者，三是社会文化机构中的社会教育者，本书主要分析第二类。

一、社会教育工作者应具备的综合能力素养

因材施教是教育工作中重要的教学方法原则。社会教育工作者和学校教师需要的能力素养存在很大的差别，即一名优秀的校内教师不一定能够成为一名优秀的校外社会教育工作者，同样一名优秀的校外从事社会教育的工作者，也不一定能够成为一名优秀的学校教师。社会教育的教育对象、教育环境、教学内容等都与学校教育有巨大的不同，所以，对教师的能力素养也提出了新的要求。学校教师要胜任这一工作，也需要具备相应的综合素养。对于从事社会教育的教师来

说，最需要培育的能力素养是领导、创新、组织和实践能力。

1. 教育对象的特殊性、全纳性，要求教师具备复合型的能力素养

由于新时代发展的客观要求，社会教育对象的广泛性，教育内容的丰富性，教育活动的多样性、灵活性等特点，赋予社会教育教师多重职业角色。"人师"是指能陶冶学生性情的人，不但要有高深的学问，而且还要有伟大的人格和高尚的修养。新时代学校教师开展社会教育应该具备的知识和能力素养，即坚定的思想政治素养、科学的专业理论知识、教育研究能力、教学领导能力、教学组织管理能力、教学创新能力、开展教学实践能力、人际沟通能力、自我反思能力等。

全纳教育理念的核心就是要体现教育公平，宗旨是面向所有人提供有质量的教育，同时尊重教育对象的多样性。因此，社会教育工作者是授业解惑的良师，担负着受教育者个性发展和全面发展的重任。他们是活动的策划、组织者，是社会各方教育资源的整合者，是学生、家长的服务者，是校外课程的开发和实施者，亦是校外教育事业的开拓者。新的时代、新的教育环境，对从事社教工作的教师群体也提出新的要求。他们应该在现代教育理念的指导下，拥有丰富的教育经验、专业的知识素养和实践技能，更重要的是要有"一专多能"的多元能力素养结构。

2. 社会教育工作者应具备独特的个性和独立的人格特征

第一，政治思想道德素养。社会教育的工作者，要具备高度的社会责任感。社会教育者和所有的教育工作者一样，其工作目标都是全面提升国民素质，以此促进国家综合国力的提升。政治素养是教师个体内在于心的坚定的政治理想信念和鲜明的态度立场，是影响其政治理想、政治行为的思想品质。社会教育者要树立正确的世界观、人生观和价值观，以积极承担社会责任。

第二，知识素养。社会教育者拥有渊博的知识，这是其从事社会教育活动的基本前提。如具备人文知识和自然科学知识。这主要是由于社会教育的对象人数众多、受教育水平参差不齐。这就要求社会教育的教师能够用广博的知识，灵活化解这些问题，维护自身的形象和提升社会教育的成效。

第三，创新技能素养。这是社教工作者理论知识和实践能力的最好彰显方

式，也体现了社会教育者的独特之处。创新能力是他们的实践技能素养的核心，体现在教育方法、实践路径等方面。社会教育者的实践技能主要是教学技巧、操作技巧和社会交往技能等。

第四，心理素养。社会教育者对社会教育这项工作的未来憧憬和美好愿望，反映出其主观的能动性和积极心态。拥有一个好的心态，才能传递正能量，而孤僻、极端和急躁等心理，只会对他们的工作态度和教育观的塑造起到巨大的副作用。

3. 理论与实践相结合的能力，注重师资培养的全面性

理论是行动的旗帜方向，先进的教育理念是实现社会教育的先进性和创新性的前提。所以，作为社会教育教师需要以先进的教育理念为指导，开展教学活动，让社会教育课程和社教活动充满生机活力。强化自身学习，社会教育的教师要树立终身学习的理念。社会教育的教学内容专业性、针对性非常强，并且呈现课程的多元化、内涵丰富化的特点，这对社会教育教师的课程整合能力、实施能力、学习能力提出了更高的要求。

时代发展对社会教育教师的专业化提出了新的要求。一方面，教师要不断进行本专业的知识学习、专业技能训练，以提高自身专业水平。另一方面，还要学习跨学科、跨专业的知识，要具备更加广阔的知识和视野。如舞蹈教师不仅要有扎实的基本功，还要有舞蹈创编能力；体育健康指导教师不仅要具备相应的运动健康理论知识，还要具备现场展示的动作示范能力。现在是信息科技高速发展的时代，教育现代化随着科技的进步越来越高，信息科技的更新周期越来越短。广大教师只有不断更新自己的知识储备，提升自己的劳动能力，掌握现代科学技术，并将其应用于教学，才能跟上时代发展的步伐。

二、学校教师人才社会教育能力培养的路径

学校教师队伍的社会教育功能和能力的培育，是当代办好人民满意教育、满足人民渴望受到高质量教育的美好愿望和落实教育强国战略的重要举措。培养路径和培养方式方法的科学合理，将大大提升教师的综合素质和社会教育活动的成

效。由于社会教育内容十分广泛，具有开放性、自愿性、社会性等特点。因此，从事社会教育的教师队伍面临着很大的挑战。为了保证社会教育成为群众真正热爱的继续教育、终身教育的有效形式，提高社教活动的师资队伍建设水平，紧跟时代发展的步伐，显得尤为重要。

1. 强化学校的培养主体职能，激发内部潜能

学校是教师的社会教育能力培育最直接、最有效的实施主体。学校具有很强的活动策划能力、组织协调能力和社会资源整合能力，具有其他培养主体不可相比的天然优势。社区居民委员会，是学校教师社会教育能力培养的不可缺少的又一主体，它们更加贴近群众，知道群众的真实诉求和具体生活工作状况。从组织者的角度更能把群众组织在一起，同时在课程开发上更能把握群众需求。当地政府部门在组织教师参加社会教育能力培养时，需要统筹规划，政策引领，协调好学校、教师、社区和群众之间的关系，更好地推进教师培养的科学性、合理性。教师作为最重要的主体，在培养自己社会教育能力时，要善于发挥主观能动性，发现自己的缺点并主动弥补。

第一，注重采取形式灵活、多样的活动，进行社会教育能力培育。组织教师参加这类活动时，要使活动有创意、有新意。这样才能激发教师参与的兴趣，保证教师的参与体验性，让他们在趣味中提升能力，既寓教于乐，又得到身心的历练。可以开展专项拓展训练，让教师离开相对封闭的校园环境，与其他参训教师一起生活体验，增强他们与人沟通交往的能力。同时，这些丰富多彩的活动让参加培训的教师，在游玩中获得了技能和知识，开阔了他们的视野、增长了见识。同时教师也是活动的组织者与实施者，这就要求教师要有一定的组织协调能力和社会资源整合能力。

第二，活动要突出培养内容的方向性和目的性。当代社会教育教师人才培养，课程内容设置广泛多样，兼顾专业性、应用性和师范性。社会教育涉及面极为广泛，具有社会性、开放性和大众性等特点，作为社会教育的教师对于群众生产生活中需要的知识，都需要有所了解掌握，这样才能在开展社教活动时得心应手。参加社会教育的教师的工作比单一在学校工作的教师事务更多、更复杂、更有针对性，要求更高、更具挑战性。当前高速发展和更新的信息科技时代要求教

师重新组合知识结构，传统落后的教学方法和手段必须更新。加之，校外教育活动的实践性、丰富性、灵活性，使教师的学习、创新和科研能力成为社会教育教师基本素养的关键。活动是社会教育的灵魂，社会教育教师必须走上活动的舞台。

在培养过程中，培养教师对专业知识的整合及推广能力。教师不仅要系统学习相关专业知识，更应该注重对专业知识内容的融会贯通，以利于他们在社教活动中面对社会学员时进行推广普及。

第三，在职称评审、教学岗位的准入退出和教师能力继续发展等方面，形成配套管理措施，建设适应社会教育发展规律的教师人才队伍。不能简单用普通学校的教师培养思路和考核评价指标对参加社会教育工作的教师进行评价。注重对教师社会教育课堂教学能力、授课技巧的培养和考核。优秀的课堂呈现能力应该是社会教育的教学特色和核心竞争力之一。基于社会教育的功能，社会教育教师要具备相应的课堂教学组织、管理能力，能够引导"社会学生"主动学习。

第四，强化社会教育骨干教师培养，示范引领，提升内在增长力。学校教师队伍参加社教工作的能力培育，培训主体要善于抓重点、塑典型，充分发挥骨干优秀教师代表的力量，推动教师能力培养和教师社教活动实践的成功示例推广。

同时，也要激励教师主动地开展教学科研总结，把在培训和社会教育活动实践中的经验转变为科研成果，用于指导更多的社会教育工作者。对于学校教师中部分素质好、有潜力、有激情的青年教师，要为其搭建事业发展的平台，使他们成为开展社会教育的主力军。制定青年教师岗前培训和职后培训制度，形成一体化的培训体系。灵活采取多种化培训形式，丰富培训内容。充分挖掘当地的文化传统，如戏剧、音乐、舞蹈表演等形式，把要传递的知识融于这些艺术形式中，让培训青年教师在轻松和谐的氛围中感悟知识。再如，结合时代和社区发展，聘请专家针对社会教育开展主题讲座，当场答疑解惑，提高教师在社会教育活动中解决实际问题的能力。同时，还可以通过教学示范、观摩，听课说课评课，教学成果汇报展示等活动，不断增强培训效果。通过培训，努力构建学校教师的第二职业优势，使其成为"学习型、实践型、创造型"的社会教育优秀教师。

另外，教育部门和学校还要把社会教育实践育人工作，作为对学校办学质量和教师工作评估考核的重要指标，纳入教师评估体系，及时表彰宣传先进集体和个人。学校要制定社教工作育人成效的考核评价办法，切实增强实践育人效果。

2. 强化外部协同机制，提升培养的规范性和持续性

进一步强化外部协同机制，拓宽学校、教师与当地政府部门、社区和社区治理的沟通渠道，相互协调形成联动机制。通过专项培养，增强教师参与社会教育的责任意识，树立社教情怀，更新教师教育观念。

第一，社区主动作为，搭建教师、学校、群众之间的桥梁。社区是开展社会教育的基础单元，也是开展社教活动的最有力的组织者，其重要性不言而喻。社区应该重视专业人才的培养，鼓励和引导社会教育教师朝着专业化发展，完善激励机制以吸引更多的优秀教师人才参加到社会教育和社区建设的队伍中来。

社区可以作为培训主体，积极邀请相关领域的专家举办讲座或实践指导，提高教师的管理教学能力。另外，社区之间要加强沟通协调、相互带动、资源共享，积极学习先进地区的培养经验及方法。在培养过程中，社区要主动推进地区学习平台的开放，共享网络课程资源，进一步提升培养成效。同时，城乡社区治理组织应结合自身的实际发展情况，合理利用社区的社会教育的人力、物力和精神资源，为社区治理提供有力的支撑。

第二，强化培养教师的家庭教育指导能力，提升社会教育教师的综合指导素养。教师的家庭教育不仅是对自己家庭的孩子的教育，还包括在参加社会教育活动的过程中，对社会其他家庭的教育指导能力。从大的方面来看，这也是其参加社会教育的重要内涵。社区、学校可以在原有社会教育活动的基础上，成立家庭教育指导办公室，负责不定期开展教师的家庭教育指导能力提升的培训工作。

社区、学校要把提升教师家庭教育指导服务能力纳入学校工作计划中，制定科学合理的内容和时间，切实加强教师家庭教育指导能力建设。社区要借助社会媒体力量，加强家庭教育指导价值宣传，提升教师家庭教育指导工作的社会认可度。通过展示真实的家庭教育指导优秀案例，使参与培训的教师真切感受到教师解决家庭教育问题的重要意义。

第三，政府部门尽职履责，提升规范性、制度性。主管部门要加强对教师队伍参加社会教育能力培养的科学合理的引导、监管，提高教师参与学习的主动性。

首先，政府教育主管部门要结合教师在学校的工作量和时间等情况，统一制定科学合理的社会教育教师参加培训的课程方案和相关规章制度，明确培训的目标。参加社会教育能力培训的教师，不能影响学校的主要教学工作，不能不顾实际地强制统筹，要具体问题具体分析，充分尊重教师所在学校的意见，协调发展。其次，制定规范的培训准入标准，从政治思想素质、学科专业知识、师德师风素养、教学业绩、心理素质和实践能力等多方面提出要求，设立学校教师参加社会教育能力提升的准入条件。最后，对于教师参加社会教育能力培养和参加社会教育活动实践，不能一刀切，而要因地制宜、从实际出发，考虑学校和教师的实际工作和家庭情况，实行差异化培养制度。在宏观政策和财政支持的基础上适当进行分权管理，鼓励各地区按照本地区实际需求，灵活开展学校教师的社会教育能力培养工作。

学校教师队伍开展科学、合理的社会教育活动，是促进社会教育水平和群众文化水平提高、社会精神文明建设的重要方式。同时，也是提高教师自身综合教育能力和个人素养的有效途径，学校教师在社会教育活动中具有不可替代的角色优势。从社会教育的发展历程来看，学校教师对社会教育活动的参与和实践，是推进教育公平发展、教育高质量发展的必然要求。

第四节　学校教师社会教育活动的实践路径

随着中国式现代化的发展，群众对教育的需求也日益提高。当前，为了进一步促进学校教师，能够利用假期和其他空余时间，在协调好学校教学工作和生活时间后，积极提高自己的社教能力，参与到社会教育工作中，为促进当代社会教育发展而努力。

学校教师社教能力培养和参与社教活动的实践路径的选择，也需要因地制宜、与时俱进。面对新时代社会的多元化发展，社教对象和教育内容呈现复杂多变的特点，社会教育的实践路径也必然是多元性的。同时，政府制定的社会教育政策，在很大程度上影响社教活动路径的选择。

一、从活动形式的角度：创新多元化、多样化形式

教师以学校为依托，丰富社会教育活动的开展形式。依托学校开展社会教育活动，主要是指利用学校的教育资源和便利条件，有目的、有计划、有组织地开展各类社会教育。这就要求各学校在新时代要充分认识其参与社教实践育人工作的重要性，统筹推进社会教育活动育人的各项工作，切实加强对教师社会教育育人工作的组织领导。学校要以强化实践教学有关要求为重点，以创新实践育人方法途径为基础，以加强实践育人基地建设为依托，以加大社会教育育人经费投入为保障，积极整合学校资源，形成实践育人合力，着力构建长效社会教育活动机制。

从社区实际出发，整合社会资源，开展便民社会教育活动。社会教育依托于社区而存在，必须充分挖掘社区中各个组织之间的教育功能，发挥社会教育的整合功能，使多种教育教学形式相互协调、补充，形成资源共享机制，从而满足社会成员的不同学习需求。

教师在社会教育开展过程中，还要探索具有时代特色的社教实践形式。社会教育以其独有的多样性、灵活性、大众性和适应性等特点深受群众喜欢，使广大群众在潜移默化中掌握知识和技能，实现自己的发展。

二、从服务对象的角度：突出重点性、针对性

优先弱势群体的社会教育政策供给，促进教育公平发展。城区和乡村有很多老人和留守妇女儿童，需要更多的社会教育工作者投入到社区和乡村的社会教育活动实践中，对其生活、心理等开展指导和关怀。教师开展社会教育应优先扶持弱势群体，包括农民、残障人士等。开展活动时要设计专项计划，提供补偿服务，划定特殊教育场域和资源，保障其获得受教育的权力。

1. 随着社会结构的不断变化，不同的社会成员对社会教育往往具有不同的需求

当前社会教育资源的总量是有限的，就需要进一步明确社会教育的主要服务群体，并制定针对性的服务内容。如果不能根据社会教育不同服务群体的需要，制定针对性的服务内容，很有可能造成教育资源的大量浪费，社会教育也不可能起到良好的社会成效。社会的多元发展、人们需求的多样性，促使社会教育所承担的任务越来越多。

2. 加强部门之间联系，紧紧围绕群众急需解决的问题开展社会教育活动

要善于针对当前群众的重点、难点问题展开调研分析，创新城乡社会教育的服务模式。如针对社区中的老龄人群、问题青少年、残障人群，要分别开展特殊教育。

教师开展社教工作时，还要了解社区居民的主要构成结构，包括年龄构成、职业构成、性别构成等，并为各类人群分门别类建立档案。在实施的过程中应该具有针对性，为不同的人群提供不同的内容。此外，社会教育工作者还要善于了解民情民意，广泛征求群众对社会教育活动的意见和建议，了解他们真实的学习需要，并将此作为开设相关课程和讲座的依据。如对于老年人可以进行戏曲或简单的乐器培训，对青少年可以进行科技知识培训。从而不断丰富社会教育的内容及形式，只有真正做到以居民实际需求为导向，才能切实推动全民教育、终身教育的走深落实。

3. 深入基层社区，建立以尊老爱幼为主的社会教育活动阵地

学校要积极发挥人力资源优势，积极支持地方社会教育。同时，在社区成立联合型的社区学院或依托挂靠其他教育机构的培训班。

三、从时代发展的角度：增强数字化建设，树立核心价值观

利用数字化网络平台开展社会教育活动，教师要具备数字化教学的技能和知

识，熟悉数字化图书馆、博物馆等。

利用好社会上的教育资源，加快校外公共服务平台的建设。与相关单位联合挂牌建立社会教育数字化拓展平台等，开展专题教育。同时，要发挥好由政府投资建设的公共教育平台作用，充分利用由社会民间资本投资建设的教育服务平台，调动民间教育机构积极性，形成社会教育合力。还要不断推进线上教育与线下教育的融合，积极将数字化终身教育服务延伸到城乡社区和家庭，依托已有远程教育优势，整合各类远程学习资源，搭建"社区学习网""社区老年教育网"等终身学习平台。

当前，在大数据、区块链、人工智能、物联网等技术的支持下，社会各个方面都在发生变革。在此背景下，应鼓励社会教育教师依托数字技术，探索"互联网+教育"模式，提供数字化社会教育服务，实现社会资源的共创和共享。数字化网络学习平台是未来社会教育的主阵地，是实现教育资源快速整合的重要方式。平台建设主体应充分利用互联网和移动终端，科学开发教育项目和产品，采用丰富多样的形式，开展有特色、有创新、有价值的社会网络教育。同时，互联网的蓬勃发展也滋生了许多不良现象，严重扰乱了人们的正常生活和健康理念。所以，应依据互联网治理相关法律法规，引导和规范网络社会教育的健康有序的发展，让它"更美丽、更便捷、更安全、更健康"，努力打造绿色、健康的数字化社会教育体系。

教师开展社会教育，要注重综合素养与综合能力的提高，要致力于营造积极向上、崇德向善、爱国的社会风气。首先，社会教育活动要以中国优秀的传统文化和社会主义核心价值观为内涵支撑，不断从中汲取养分，充分发挥优秀精神文化的重要作用。在开展社会教育的过程中，必须加大对中华优秀传统文化精髓与要旨的深入挖掘，这不仅有利于促进社会精神文明建设，更有利于社会治理。其次，在推进建设中国式现代化和教育强国的理念下，必须加强对社会主义核心价值观的践行与培育。社会主义核心价值观从国家、社会、个人层面，对整个社会教育的教育目标做了凝练，其思想精华是社会教育发展的方向指导和精神引领。只有这样，社会教育也才能更持续、更科学、更合理地有效发展，其功能才能在新时代得以实现。

四、从社区治理的角度：促进社教活动、社区治理一体化发展

学校教师开展校外社会教育活动，立足于社会，以活动为载体，强调实践与体验，开展形式多样的校外教育活动，把教育活动从校内延伸到校外。教师开展社会教育的实践路径，要与社区治理紧密结合，促进城乡社教活动和城乡治理一体化发展，才能有力提升居民的素质，为社区有效治理提供有力的保障。

1. 找准社教工作基层服务定位

教师在开展城乡社会教育活动中，应将工作重心放在基层，积极与基层社会治理工作有机结合，以推动社会教育和社区治理的高度融合发展。

首先，从社区治理视角出发，坚持以不断满足社区居民的社会需求作为工作的目标和内容，制定社会教育活动的形式和内容。在社区开展社会教育时，应结合社区生活特点和社区治理需求，增强社区居民的归属感和责任感。同时，要和社区居委会一起，深入挖掘和充分运用社区综合教育资源，积极打造社区公共空间，以达到增强居民学习意识、提升其整体素质的目的，为社区治理提供内在营养。

其次，通过广泛开展社会教育活动，提高居民参与城乡社区治理工作的主动性和责任感。教师大力开展社教活动，与社区公共服务活动相结合，凝聚居民力量、形成共识，共同推动城乡社区治理工作的向好发展。社会教育要坚持育人为本，让居民共同参与体验；打造社区特色文化，提高居民对社区的认同感。从而激发居民自我管理、自我服务的热情，增强居民参加社区管理、开展社区建设、共建美好家园的积极性，提高城乡社区治理的实际效果。通过搭建社区协商议事平台，强化社区的职能转换，提升城乡社区治理能力和丰富社会治理体系建设。一方面，全面整合社会教育资源，增强社会教育合力；另一方面，积极发挥城乡居民的主体作用，增强居民的主人翁意识。

最后，开展社会教育是构建科学合理的社区治理的理想途径之一。社区的基层组织作为社区治理的核心，在社区治理中占据着主导地位。基层组织与社会教育的主动衔接，有助于更好地开展社区治理工作，从而深入推进城乡社会教育与

社区治理实现一体化、高质量、高效率的发展。

2. 充分利用多样化教育资源，以社区居民喜闻乐见的方式开展教育活动

首先，教师深入社区开展社会教育，要积极与社区活动有效链接，调动社区群众的积极性，进一步提升社区居民整体素质和生活质量，不断提升群众的法治意识和法治精神，提高群众知识水平和科学素养，强化居民的环保意识，加强生态文明宣传教育力度，推动形成节约适度、绿色低碳、文明健康的生活方式，形成良好的社会风气，从而为提高居民的生活质量和城乡社区治理工作打下坚实基础。教师积极与社区一起进行社区学校建设。在这过程中，教师要与社区成立专门的项目服务团队，为社区学校的课程开发、设计等提供有力的指导，发挥自身的专业优势，进一步提高社区教育和社区治理的有效融合。这也可为居民提供更多的参与社区公共事务管理的机会，激发居民主动参与社区公共事务治理的积极性，提高居民参与社区公共事务治理能力。

其次，教师在深入基层开展社会教育时，还要充分发挥社区居委会的主体作用。通过打造社区社会教育和社区治理的先进典型，营造良好的社会学习氛围。

随着当前教育的深化改革，我们应该充分认识到学校办学、教师从教应该多元化发展。在培养教师人才队伍和学生人才时，还要树立为社会政治经济发展服务，为文化传承、创新助力的意识，促进社会的全面进步。尤其是在现代终身教育思想的普及和建设全民学习型社会的号召下，教师必须坚持多渠道、多层次、多形式、多方位地积极探索社会教育的有效途径，充分发挥教师的专业优势。

参考文献

［1］马克思，恩格斯. 马克思恩格斯选集［M］. 中共中央马克思恩格斯列宁斯大林著作编译局，编译. 北京：人民出版社，2012.

［2］列宁. 列宁选集［M］. 中共中央马克思恩格斯列宁斯大林著作编译局，编译. 北京：人民出版社，2012.

［3］蒋南翔. 蒋南翔文集（上卷）［M］. 北京：清华大学出版社，1998.

［4］陶行知. 中国教育改造［M］. 北京：商务印书馆，2017.

［5］毛泽东. 毛泽东文集［M］. 北京：人民出版社，1999.

［6］中共中央文献研究室. 十八大以来重要文献选编（下）［M］. 北京：中央文献出版社，2018.

［7］陈先达. 干部哲学辞典［M］. 上海：上海人民出版社，1990.

［8］王海滨. 被遮蔽的马克思精神哲学［J］. 天津社会科学，2020（4）.

［9］贺春兰，朱英杰. 躬耕教坛　强国有我［N］. 人民政协报，2023－09－11（01）.

［10］孔子. 论语·里仁篇［M］. 北京：中华书局，2016.

［11］黄宗羲. 黄宗羲全集［M］. 杭州：浙江古籍出版社，2012.

［12］荀子. 荀子·大略［M］. 北京：中华书局，2015.

［13］王守仁. 王阳明全集（卷三）［M］. 上海：上海古籍出版社，1992.

［14］陶行知. 陶行知文集（上）［M］. 南京：江苏教育出版社，2008.

［15］中共中央马克思恩格斯列宁斯大林著作编译局. 列宁专题文集（论社会主义）［M］. 北京：人民出版社，2009.

［16］邓小平．邓小平文选［M］．北京：人民出版社，1994.

［17］江泽民．江泽民文选［M］．北京：人民出版社，2006.

［18］饶从满．高水平教师教育体系建设的意蕴与课题［J］．西北师大学报（社会科学版），2023，60（3）.

［19］中共中央文献研究室．邓小平年谱［M］．北京：中央文献出版社，2004.

［20］徐国兴，方兴，谢安邦．我国乡村教师队伍建设的战略转型及可能路径探索［J］．教师教育研究，2016（5）.

［21］王恒，闫予沨，姚岩．特岗教师留任意愿的影响因素研究：基于全国特岗教师抽样调查数据的 logistic 回归分析［J］．教师教育研究，2018，30（1）.

［22］郝光敏．新时期内蒙古高校辅导员队伍建设对策研究［D］．呼和浩特：内蒙古大学，2019.

［23］陈桂生．马克思主义教育论著研究［M］．上海：华东师范大学出版社，1993.

［24］龚超．马克思社会教育思想的理论内核［J］．理论月刊，2010（1）.

［25］上海师范大学教育系．马克思恩格斯论教育［M］．北京：人民教育出版社，1979.